Sonja Eiberger

Grammatikwerkstatt zum Feldermodell (GS) · Band 2

W-Fragen · Tempusklammer: Präsensperfekt · nicht trennbare Verben im Präteritum

AOL
verlag

Impressum

Grammatikwerkstatt zum Feldermodell (GS) · Band 2

Sonja Eiberger, M. A., ist seit vielen Jahren – neben unterrichtlicher Tätigkeit – als Lehrbeauftragte und Fachleiterin im Fach Deutsch in der Lehreraus- und -fortbildung am Seminar für Ausbildung und Fortbildung der Lehrkräfte Schwäbisch Gmünd (GWHRS) tätig. Extrinsisch durch die teilweise vorhandene Freudlosigkeit der Schülerinnen und Schüler am Grammatikunterricht und intrinsisch durch den Mangel an dementsprechend förderlichem Material motiviert, entstanden die hier vorliegenden Materialien, mit denen Teile der deutschen Grammatik mittels des Feldermodells schülergerecht, systematisch und handlungsorientiert für die Praxis aufbereitet wurden.

1. Auflage 2020

Veritaskai 3 · 21079 Hamburg
Fon (040) 32 50 83-060 · Fax (040) 32 50 83-050
info@aol-verlag.de · www.aol-verlag.de

Redaktion: Kathrin Roth
Layout/Satz: © Satzpunkt Ursula Ewert GmbH, Bayreuth
Illustrationen: © Satzpunkt Ursula Ewert GmbH, Bayreuth
Foto „Königskammer" im Zusatzmaterial: © Monoar – pixabay.com
Foto: „Waldweg" im Zusatzmaterial: © Dzmitrock – pixabay.com
Foto: „Straße" im Zusatzmaterial: © keine Angabe – pixabay.com
Coverfoto: © lenets_tan – stock.adobe.com;
Bildbearbeitung: © Satzpunkt Ursula Ewert GmbH, Bayreuth

ISBN: 978-3-403-10624-19

Inhaltsverzeichnis

Zu diesem Band gibt es digitales Zusatzmaterial.

Grammatikwerkstatt zum Feldermodell: Eine Einführung

Grammatik und Rechtschreibung stellen oft eine große Herausforderung für Deutschlehrkräfte dar, da sie bei vielen Lernern unangenehme Gefühle hervorrufen: wenig Spaß – viel Lernen. Doch wer unterrichtet, weiß genau: Lernen ohne Freude ist kein effektives und effizientes Unterfangen. Die Kinder benötigen unterschiedliche Zugänge, um einen Lernzuwachs zu erreichen. Insbesondere die Handlungsorientierung ist hierbei für alle (jungen) Lerner förderlich. Mit Blick auf die Grammatik dient das Feldermodell (auch „topologisches Modell" genannt) dazu, Satzbaumuster zu verdeutlichen. Es ermöglicht eine kognitive Aktivierung der Lerner, da es niedrigschwellig, aber auch herausfordernd, zum Erforschen grammatischer Phänomene genutzt werden kann.

Dieses Heft ist in zwei Teile unterteilt. Im ersten Teil finden Sie fachliches Hintergrundwissen zum Feldermodell und Erläuterungen zu den Visualisierungen, die im dazugehörigen Material genutzt werden. Der zweite Teil ab Seite 17 enthält sechs Unterrichtssequenzen im Doppelstundenformat zu grammatischen Phänomenen mit jeweils einem passenden Erzähltext sowie darauf abgestimmten Arbeitsmaterialien zum Grundlagenwissen, die die Kinder in einem Portfolio sammeln sollten. Diese handlungsorientierten Materialien sind genau auf die jeweilige Sequenz abgestimmt. Dazu gehören auch die Pflicht- und Wahlwortkarten mit ausgesuchten Verben aus mehreren gängigen Grundwortschätzen. Mithilfe des Downloadcodes vorne im Buch können Sie sich weiteres Zusatzmaterial kostenlos herunterladen. Dabei handelt es sich u. a. um anregende Wortkarten zum Schreiben von Geschichten, Nomen- und Adjektivkarten, die Lösungen zu allen im Band enthaltenen Arbeitsblättern und Lernstandserhebungen sowie Zusatzarbeitsblätter mit Konjugationstabellen. Die handlungsorientierten Arbeitsunterlagen (AU) und die Tabelle des Königsreichs KR1 sollten für die Lerner ausgedruckt und laminiert werden, damit sie mit wasserlöslichem Stift beschrieben und dadurch oft verwendet werden können.

In diesem Heft werden Satzbausteine durch Figuren personifiziert dargestellt, um im Grammatikunterricht möglichst viele Sinne anzusprechen. Die Figuren handeln im Königreich „Satz", sodass spielerisch grammatische Phänomene sichtbar gemacht werden können, um die jungen Lerner zum Entdecken derselben zu motivieren. Da das Verb im deutschen Satz eine herausragende Rolle spielt, wird es durch „König Verb" visualisiert. Das Verb wird nicht passiv konjugiert, sondern es konjugiert aktiv. Natürlich hat das Königreich Satz auch eine eigene Sprache: Wenn König Verb regiert, heißt das in der Sprache seines Reiches: „Er konjugiert." Verdeutlicht wird das dadurch, dass er seine Brille aufsetzt, wodurch er nicht mehr „infinit", sondern „finit" ist. Durch solche Visualisierungen werden grammatische Begriffe spielerisch und fast nebenbei eingeführt und gefestigt. „Konjugieren muss man üben!", weiß König Verb. Daher gibt es auch Arbeitsmaterialien zum „Stammbaum" des Königs und seiner Familie (AU1–AU6), um die jeweilige Konjugation zu veranschaulichen und zu trainieren.

Die sechs Unterrichtssequenzen beginnen jeweils mit einer tabellarischen Übersicht über die Sequenz. Zur Einführung der grammatischen Phänomene sind diese in Erzähltexte eingebettet. Diese Texte sind als Anregung für Sie gedacht und können abgelesen, nacherzählt, gekürzt oder ergänzt werden. Sie thematisieren immer die Inhalte der Arbeitsblätter, die Sie in diesem Heft zum Kopieren vorfinden. Der Unterricht läuft größtenteils ritualisiert und kooperativ ab. Wichtig ist, dass die Lerner vorrangig in Lern-Tandems zusammenarbeiten. Immer ein stärkerer und ein schwächerer Lerner bilden ein Lern-Tandem, wobei die stärkeren Lerner durch das Erklären gefordert werden und Lernzuwächse für sich verbuchen können. Die Tandems sollten so zusammengesetzt sein, dass die Unterschiede im Lernstand nicht zu groß sind. Das bedeutet, dass der „Stärkste" der „Starken" mit dem „Stärksten" der „Schwachen" (etc.) zusammen ein Lern-Tandem bilden sollte. Dieses Prinzip des Lern-Tandems wird auch im Lernkarten-Set beibehalten, das passgenau und vertiefend als Freiarbeitsmaterial genutzt werden kann (Bestellnr.: 10541). Dort finden sich auch Gruppenarbeitsaufträge und weiterführende

Knobeleien sowie Lernspiele, die die Inhalte von Band 1 und Band 2 vertiefen. In allen Materialien wurden die Grundwortschätze aus Baden-Württemberg (Rechtschreibrahmen), Bayern, Hamburg und Mecklenburg-Vorpommern verarbeitet.

Band 2 baut inhaltlich auf Band 1 auf, kann jedoch nach kurzer Einführung der Figuren und des „Königreichs Satz“ auch separat genutzt werden. Alle Titel ergänzen sich und ermöglichen so einen vielfältigen und differenzierten Grammatikunterricht.

Was es mit dem Feldermodell auf sich hat

Im Kern ist das Feldermodell ein Beschreibungsraster, das den deutschen Satzbau verdeutlicht. Dabei wird ein Satz in sogenannte „Felder“ (Vorfeld, Mittelfeld, Nachfeld) eingeteilt. Je nach Satzart (z. B. Verberstsatz oder Verbzweitsatz) sind die Felder unterschiedlich belegt. Letztlich ist es nichts Neues, deutsche Sätze in Felder einzuteilen, damit man Satzbaumuster besser erkennen kann. Bereits der Germanist Erich Drach teilte in den 1930er-Jahren Sätze in „Vorfeld“, „Mitte“ und „Nachfeld“ ein. Erst seit Kurzem ist das Modell wieder aus der Versenkung aufgetaucht und findet seinen Weg in den Deutschunterricht. Das Feldermodell wird zumeist durch eine Tabelle visualisiert, was insbesondere DaZ-Lernern Einsichten in den Satzbau der deutschen Sprache ermöglicht. Aber auch Muttersprachler profitieren bei der grammatischen Analyse, beim Verständnis komplexer Sätze, bei der Suche nach Satzgliedern sowie beim Schreiben eigener Texte und deren Interpunktion vom Feldermodell. Somit stellt es ein Modell der deutschen Satzlehre dar, das integrativ und im Sinne der Grammatik-Werkstatt nach Wolfgang Menzel[1] genutzt werden kann.

Moderne Darstellungen des Feldermodells basieren auf fünf Feldern, die den Satz grundlegend gliedern: Vorfeld, linke Klammer, Mittelfeld, rechte Klammer, Nachfeld. Oftmals wird auch von einer „Satzklammer“ oder „Verbklammer“ mit linkem und rechtem Verbfeld gesprochen. Das Problem bei dieser Bezeichnung ist, dass das Verb bei seiner Anwendung im Satz nicht immer eine Verb***klammer*** erzeugt. Dennoch taucht der Begriff „Verb***klammer***“ in den Bildungsplänen auf und wird deshalb für die einzelne Verbklammer (linke und rechte Klammer bzw. linke und rechte K(l)ammer) als Bezeichnung beibehalten. In manchen Grammatiken ist die Einteilung der Felder feiner und führt tief in die deutsche Grammatik hinein. Zugunsten der Übersichtlichkeit und um Grundschüler nicht zu überfordern, verzichten wir hier darauf. Das Feldermodell in den eigenen Grammatikunterricht zu integrieren, bringt einige Pluspunkte mit sich:

Vorteile des Feldermodells für die Fachdidaktik

- Das Modell ist niederschwellig, anschaulich, eindeutig und dadurch motivierend.
- Durch die Visualisierung der Felder ermöglicht es den Lernern, sich intensiv mit der deutschen Satzstruktur auseinanderzusetzen.
- Die verwendeten Begriffe (Klammer, Vorfeld, Mittelfeld, Nachfeld) sind leicht verständlich und einleuchtend.
- Das Modell motiviert durch seinen Werkstattcharakter, sich handlungsorientiert mit der deutschen Sprache auseinanderzusetzen.
- Das Feldermodell hilft bei der Verbesserung der Zeichensetzung.

Die folgenden Informationen verschaffen Ihnen einen Überblick über die unterschiedlichen Satzarten des Deutschen, ihre Bezeichnungen und wie ihr jeweiliger Aufbau durch das Feldermodell verdeutlicht wird:

[1] Menzel, Wolfgang (1999): Grammatik-Werkstatt. Theorie und Praxis eines prozessorientierten Grammatikunterrichts für die Primar- und Sekundarstufe. Seelze-Velber: Kallmeyer.

Einblick in die deutsche Grammatik mithilfe des Feldermodells

Satzgrammatik: Die deutschen Satzarten im Feldermodell

Das Feldermodell beinhaltet in aller Regel fünf Felder, von denen zwei eine Verbklammer abbilden können:

Vorfeld	linke Klammer	Mittelfeld	rechte Klammer	Nachfeld
Der König	setzte	seine Brille	auf.	

Da das Feldermodell den Lernern auch hilft, die Satzzeichen richtig zu setzen, werden in dieser didaktischen Aufbereitung noch zwei weitere Felder eingeführt, nämlich die der Satzzeichen (SZ):

Vorfeld	linke Klammer	Mittelfeld	rechte Klammer	SZ	Nachfeld	SZ
Der König	setzte	seine Brille	auf	.		

Der Verbzweitsatz

Der Verbzweitsatz ist der Fall, der in deutschen Sätzen am häufigsten ist. Bei dieser Grundstruktur steht das finite Verb im Satz hinter einem Satzglied, das im Vorfeld steht:

Vorfeld	linke Klammer	Mittelfeld	rechte Klammer	SZ	Nachfeld	SZ
Der König	überlegte	lange		,	nachdem ...	.

Verbzweitsatzkonstruktionen mit Verbklammer

Folgende **Verbzweitsatzkonstruktionen mit Verbklammer** kommen im Deutschen vor:

Satzart	**Vorfeld**	**linke Klammer**	**Mittelfeld**	**rechte Klammer**	**SZ**	**Nachfeld**	**SZ**
Lexikalklammer	Dem König	lag	nichts	vor	.		
Tempusklammer	Sie	hatte	es laut	ausgesprochen	.		
Modalklammer	Es	musste	etwas	geschehen	.		
Passivklammer	Sonst	wird	der Kuchen	aufgegessen	.		
Konjunktivklammer mit würde	Der Königin	würde	das nicht	gefallen	.		

Verberstsatzkonstruktionen

Im **Verberstsatz** steht das erste Wort im Satz, das finite Verb, in der linken Klammer. Folgende Möglichkeiten gibt es dabei:

Satzart	**Vorfeld**	**linke Klammer**	**Mittelfeld**	**rechte Klammer**	**SZ**	**Nachfeld**	**SZ**
Entscheidungsfrage		Schlief	die Königin		?		
Aufforderung		Schüttelt	sie		!		
Wunsch		Kommt	bitte bald		!		
Ausruf		Hast	du noch Töne		!		
Witz (deklarativ)		Kam	ein König zum Bäcker		.		
Konditional		Wäre	er	geblieben	,	hätte …	

Verbletztsatzkonstruktionen im Nachfeld

Viele Sätze im Nachfeld („Nebensätze“) sind **Verbletztsätze**.

Vorfeld	**linke Klammer**	**Mittelfeld**	**rechte Klammer**	**SZ**	**Nachfeld**	**SZ**
Das Boot	schaukelte			,	obwohl kein Wind ging	.

Jeder Verbletztsatz sollte für sich betrachtet werden. Dies geschieht dadurch, dass der Inhalt des Nachfelds neu auf die Felder des Feldermodells verteilt wird. Hierdurch wird deutlich, dass das finite Verb zuletzt in der rechten Klammer steht.

Vorfeld	**linke Klammer**	**Mittelfeld**	**rechte Klammer**	**SZ**	**Nachfeld**	**SZ**
Das Boot	schaukelte			,		
obwohl		kein Wind	ging	.		

Verbletztsätze werden in aller Regel durch Subjunktionen eingeleitet: obwohl, weil, da …

Hinweis: Auch Verbletztsatzkonstruktionen mit Subjunktionen bzw. Sätze, die mit Konjunktionen verbunden werden, können hinsichtlich der Verbstellung mithilfe des Feldermodells passend visualisiert werden. Sie werden in den Bänden für die Sekundarstufe aufgegriffen.

Die Darstellung des Feldermodells in diesen Materialien

In diesem Heft arbeiten die Lerner mit einer vereinfachten Variante des Feldermodells oder, um in der Sprache des Königreichs zu bleiben, mit dem kleinen Königreich „Satz" der Familie Verb (KR1). Es wird in diesen Materialien so dargestellt:

Vorfeld	linke K(l)ammer	Mittelfeld	rechte K(l)ammer	Satzzeichen

König Verb und seine Familie sind Stubenhocker. Wenn sie im Königreich arbeiten, verlassen sie die K(l)ammern ihres Königreichs „Satz" nie (und kommen durch einen unterirdischen Gang von einer K(l)ammer in die andere).

Die Satzglieder im Feldermodell

Laut gängiger Definition lässt sich ein Satzglied „erfragen" und „verschieben". Ein Prädikat lässt sich jedoch nicht immer erfragen (Beispiel: Es dauert 40 Minuten.) und auch nicht gewinnbringend verschieben (Beispiel: Das Haus ist gelb.). Einleuchtender ist die Praxis des Feldermodells, bei der das finite Verb in einer Sonderstellung in den Verb-Klammern verbleibt. Ein Satzglied stellt eine Ergänzung oder Angabe zum Verb dar und lässt sich im Feldermodell ins Vorfeld verschieben, während das finite Verb immer in den Klammern verbleibt. Im Feldermodell wird somit nicht vom „Prädikat" als Satzglied gesprochen, sondern vom finiten Verb, das eine zentrale Stellung einnimmt. Auch kann im Vorfeld des Feldermodells immer nur ein Satzglied stehen. Dies ist eine große Hilfe und Vereinfachung bei der Abgrenzung von Satzgliedern durch die Umstellprobe. Ein Satzglied kann aus einem ganzen Satz (Gliedsatz), einer Wortgruppe oder auch nur aus einem Wort bestehen. Mit Subjunktionen eingeleitete Verbletztsätze sind in der Regel vollständige Satzglieder.

Zeichensetzung im Feldermodell

Da jeder Teilsatz nur ein finites Verb beinhaltet, muss in den meisten Fällen ein Komma gesetzt werden, sofern ein zweites finites Verb vorhanden ist. Sätze fordern am Ende ein Satzzeichen. (Mögliche) Satzzeichen werden in diesen Bänden durch Bäume, die grenzziehend im Königreich (Feldermodell) stehen, visualisiert. Im vereinfachten Modell wurden die Bäume auf einen einzelnen reduziert (KR1). Diese Visualisierung ist auch eine Erinnerungshilfe für Schreiber.

Wortgrammatik: Das deutsche Verb im Aktiv

Das Verb sollte nicht als Tätigkeitswort bezeichnet werden

Das Verb sollte nicht als „Tätigkeitswort" oder „Tunwort" bezeichnet werden, da diese Bezeichnung die Lerner irreführen kann. Sätze wie „Ich habe Hunger!" oder „Wir dürfen das nicht!" verdeutlichen dies. Hilfreicher ist es, Verben nach ihrer jeweiligen Funktion zu benennen. Es gibt **Tätigkeitsverben** (laufen), **Zustandsverben** (liegen) und **Vorgangsverben** (fließen). Daneben gibt es die Hilfsverben (haben, sein, werden), Modalverben (sollen, wollen, können, mögen, müssen, dürfen), Kopulaverben (sein, bleiben, werden), reflexive und reziproke Funktionsverben (sich verlieben / sich kennen), Funktionsverben (in Erfahrung bringen) und Spezialverben (zu + Infinitiv).

Flexion des Verbs

Das infinite Verb

Als infinites Verb wird die nicht flektierte Grundform des Verbs bezeichnet, z. B. „sehen“, „bleiben“, „verstehen“. Das infinite Verb ist eine solide Grundlage für den systematischen Grammatikaufbau bei Lernern. Insbesondere das **Stammprinzip** (= Grundprinzip der deutschen Rechtschreibung, das besagt, dass ein Wortbestandteil immer auf dieselbe Art geschrieben werden soll) ist bei der Flexion des einzelnen Verbs in Numerus, Person, Genus und Tempus oft eine große Hilfe.

Die Darstellung des infiniten Verbs in diesen Materialien

Wenn König Verb infinit (= unbeschäftigt) ist, zeigt sich das dadurch, dass er tatenlos mit den Händen in den Taschen, ohne Uhr und ohne Brille dargestellt wird.

Der Wortstamm

Schwache Verben verändern ihren Stamm bei der Flexion nicht (Beispiel: leben). Gemischte und starke Verben verändern ihren Stammvokal teilweise schon im Präsens (2./3. Person Singular), was immer wieder zu Schwierigkeiten bei Lernern führt:

		treffen		
Singular	1.	ich	treff	**e**
	2.	du	triff	**st**
	3.	er/sie/es	triff	**t**
Plural	1.	wir	treff	**en**
	2.	ihr	treff	**t**
	3.	sie	treff	**en**
Numerus	**Person**	**Genus**	**Stamm**	**Endung**

Die Darstellung des Wortstamms in diesen Materialien

Der Stammbaum der königlichen Familie wird auch als „Verbstamm“ bezeichnet:

leg	en
Stamm	**Endung**

Trennbares und nicht trennbares Verb (Komposition und Derivation)

Es gibt in der deutschen Sprache trennbare und nicht trennbare Verben. Dieses Unterscheidungsmerkmal ist bei der Konjugation und durch die Lexikalklammer erkennbar.

Trennbare Verben und das Präverb

Präverb	Verbstamm	Endung
hin	geh	en

Infinite trennbare Verben haben vor dem Stamm ein **Präverb**, das sich bei der Konjugation löst und nach hinten gestellt wird. Beispiel: hingehen – Ich gehe **hin**.

Beispiele für Präverben sind: ab-, an-, auf-, aus-, bei-, da-, durch-, ein-, fest-, fort-, her-, herauf-, heraus-, herein-, herüber-, hin-, hinauf-, hinein-, hinüber-, hinunter-, hoch-, los-, mit-, nach-, tief-, über-, um-, unter-, vor-, weg-, zu-, zusammen-.

Im deutschen Satz bilden trennbare Verben im Präsens und Präteritum eine Lexikalklammer. Das heißt, dass das Präverb in die rechte Klammer gesetzt wird:

Vorfeld	linke Klammer	Mittelfeld	rechte Klammer	Satzzeichen
Der König	**ging**	dort	**hin**	.

Die Darstellung der trennbaren Verben in diesen Materialien

König Verb trägt infinit eine Krone. Trennbare Verben werden im Material (trennbare) „Krone-Verben“ genannt. Die Krone beinhaltet das Präverb (ab-, auf-, hinauf-, um- …). Sobald König Verb finit ist, seine Brille aufsetzt und sich mit dem Präsens oder Präteritum beschäftigt, drückt ihn die Krone. Daher legt er dann seine Krone neben sich. Im Satz legt oder wirft er die Krone in die rechte K(l)ammer.

Die Darstellung von nicht trennbaren Verben in diesen Materialien

Nicht trennbare Verben werden im Material (nicht trennbare) „Anhänger-Verben“ genannt (Beispiele: bewerten, verlaufen). König Verb trägt hier infinit einen Anhänger, den er nicht ablegen kann. Auf dem Anhänger steht das jeweilige Präfix des nicht trennbaren Verbs (be-, ent-, er-, ver-, …). Achtung: Es gibt auch Verben, die in beiden Kategorien zu finden und nur semantisch zu unterscheiden sind, z. B. umfahren, umgehen … Hierauf wird in Band 1 für die Sekundarstufe eingegangen.

Das finite Verb

Schwache, starke und gemischte Verben

Die Unterscheidung der Verben in stark, schwach und gemischt wird wichtig, wenn es um die Flexion des Verbs geht. Verben verändern sich unterschiedlich, wenn sie flektiert werden. Während sogenannte schwache Verben immer nach demselben Muster flektiert werden und dementsprechend beliebt bei Lernern sind, zeigen starke und gemischte Verben bei der Flexion Unregelmäßigkeiten. Aufgrund dessen werden starke und gemischte Verben fälschlicherweise oft als unregelmäßig bezeichnet, obwohl sie in der Flexion durchaus Regelmäßigkeiten aufweisen. Durch das Aufzeigen von Regelmäßigkeiten bei starken und gemischten Verben können diese wieder in Systeme eingebunden und dadurch leichter gelernt werden. Diesem grammatischen Phänomen wurde in diesen Materialien bei der Auswahl der Verben auf den Wortkarten Rechnung getragen. Daher finden Sie in Band 1 (GS) ausschließlich schwache Verben zur Erarbeitung der grammatischen Phänomene auf den Wortkarten.

Schwache Verben

Die meisten deutschen Verben sind schwach. „Schwach“ sind Verben, deren Verbstamm in allen Zeitformen und Modi gleich bleibt. Der Stammvokal des Verbs verändert sich nicht. Beispiel: kaufen – kauft – kaufte – gekauft; schauen – schaut – schaute – geschaut. Das Partizip II wird durch das Zirkumfix „ge-“ und „-(e)t“ gebildet: ich habe gekauft / ich habe geredet. Der Stamm bleibt unverändert (kauf-/red-).

Starke Verben

Starke Verben heißen so, weil sie sich im Laufe der Zeit nicht an das Flexionsschema des schwachen Verbs angepasst haben. Trotzdem gibt es auch bei ihnen Regelmäßigkeiten. Eine davon ist beispielsweise eine gleiche Veränderung des Stammvokals (tragen – trug – getragen / schlagen – schlug – geschlagen) und das Suffix -en bei der Bildung des Partizips II. Starke Verben und ihre Flexion, die von der der schwachen Verben abweicht, müssen auswendig gelernt werden. Um dies zu erleichtern, sind die Pflicht- und Wahlwortkarten zu den Sequenzen auch bei starken Verben im Hinblick auf Regelmäßigkeiten in ihrer Flexion systematisch (nach Stammvokaländerung) sortiert.

Gemischte Verben

Bei gemischten Verben handelt es sich um Verben, die bei der Flexion Merkmale von starken und schwachen Verben aufweisen. Gemischte Verben verändern den Stammvokal des infiniten Verbs im Präteritum und im Partizip II, haben aber sowohl im Präteritum als auch im Partizip II das Präfix bzw. das Suffix (zusammen das „Zirkumfix“) der schwachen Verben, nämlich das „ge-“ und „-t“. Beispiele: kennen – kannte – gekannt; denken – dachte – gedacht. Gemischte Verben sind z. B. brennen, bringen, denken, kennen, nennen, rennen, wissen und deren Verbindungen mit Präverben/Präfixen.

Das finite Verb im Aktiv

Merkmale des finiten Verbs: Person, Numerus und Tempus

Um ein Verb stimmig zur Aussage zu flektieren, benötigt es Eckdaten wie Person, Anzahl und Zeit. Die Person wird im Satz ein bestimmender Faktor, da mit ihr auch das Subjekt verkörpert wird. Die 1.–3. Person kann im Singular oder Plural – Einzahl oder Mehrzahl – stehen. Dementsprechend verändert sich das Verb.

Die Darstellung des finiten Verbs mit Wortstamm, Person und Numerus in diesen Materialien

König Verb muss, sobald er „finit“, also mit dem Konjugieren beschäftigt ist, seine Brille aufsetzen, um genau hinschauen zu können, was im Königreich der Familie passiert (ist). Sie sollten dann die Brille mit einem Folienstift auf das laminierte Material zeichnen. Der Arm stellt den Numerus dar: Hebt König Verb den Arm, verdeutlicht das den Plural; senkt er ihn, zeigt das den Singular an.

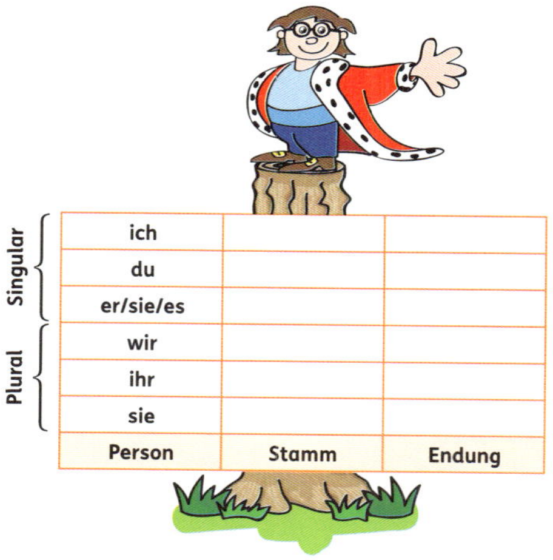

Zeitmerkmal des finiten Verbs: Das Tempus

Im Feldermodell spricht man vom **Präsensperfekt**, wenn in der (nahen) Vergangenheit etwas geschehen ist, das in die Gegenwart (**Präsens**) hineinwirkt. Das Präsensperfekt wird dadurch ebenso wie das Präsens oft in der wörtlichen Rede gebraucht: „Hast du den (gerade vorbeifahrenden) Zug gesehen?" (hinterhersehend) „Ja, habe ich." Die finiten Hilfsverben *haben* und *sein* stehen bei der Bildung des Präsensperfekt im Präsens mit einem Vollverb im Partizip II (Der König hat etwas gesagt.). **Präteritumperfekt** bringt üblicherweise einen Sachverhalt zum Ausdruck, der chronologisch weiter zurückliegt als einer, der meist im **Präteritum** formuliert wird (Nachdem das Kind den Vogel gesehen hatte, fing es ihn.). Das finite Hilfsverb *haben* oder *sein* steht hier im Präteritum mit einem Vollverb im Partizip II. Das **Futur** wird mit dem finiten Hilfsverb *werden* im Präsens und einem Vollverb im Infinitiv gebildet (Der Vogel wird den Wurm fangen.). Es drückt eine Vermutung aus, die in der Zukunft liegt. Das **Futurperfekt** wird wie das Futur mit dem Hilfsverb *werden* gebildet, zusätzlich mit dem Vollverb im Partizip II und dem Infinitiv der Hilfsverben *haben* oder *sein* (Das Kind wird den Vogel gefangen haben.). Neben der Vermutung kommt hier noch die Komponente der Vorzeitigkeit zum Ausdruck. Die Zeitformen Futur, Präsensperfekt, Präteritumperfekt und Futurperfekt bilden im Satz mit dem jeweiligen Hilfsverb (Perfekthilfsverb) eine Tempusklammer.

Schaubild der Zeiten:

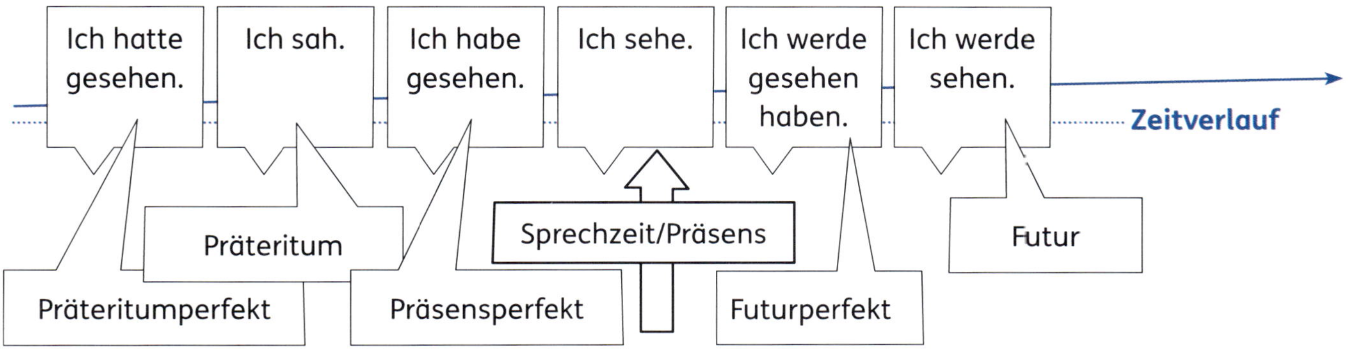

Die Darstellung des Tempus in diesen Materialien (Präsens/Präteritum)

Sobald König Verb „finit", also beschäftigt ist, trägt er neben der Brille und dem erhobenen Arm, der an die Person / den Numerus erinnern soll, auch eine Uhr als Erinnerung an das Tempus.

Die Darstellung des Partizip II bei schwachen Verben mit Hilfsverb

Wenn das Präsensperfekt, Präteritumperfekt oder Futurperfekt gebildet werden soll, wird – neben den Hilfsverben „haben", „sein" oder „werden" in der jeweils passend konjugierten Form – das Partizip II des Verbs benötigt. König Verb lässt in diesen Fällen sein Hilfsverb, dargestellt durch die Uhr, für sich arbeiten. Die Uhr wird finit, trägt Brille, da nun sie konjugiert, und hebt dementsprechend gegebenenfalls im Plural den Arm. König Verb hat als Partizip II „frei". Er ist somit infinit und nutzt die Gelegenheit, in seiner Badewanne „baden" zu gehen. Die Badewanne befindet sich in der rechten K(l)ammer. Zum Baden benötigt König Verb seinen Schwimmring „Zirkumfix" und seine Badekappe, bei trennbaren Krone-Verben lässt er die Krone als Badekappenersatz auf (z. B.: **auf**gehört). Das Zirkumfix besteht bei schwachen Verben aus drei Teilen: dem Präfix „ge-", dem Verbstamm und der Endung/Suffix „t" (z. B.: **ge**-hör-**t**). Bei starken trennbaren Verben bleibt das Präverb vorangestellt. Das Suffix bleibt bei starken Verben immer -en. Auch hier spricht man von einem Zirkumfix ge- -en (z. B.: vor**ge**seh**en**). Nicht trennbare schwache

Verben bilden das Partizip II ohne Infix, nur mit dem Suffix „t“ (z. B.: verkauf**t**). Nicht trennbare starke Verben werden ebenfalls ohne Infix ge-, jedoch mit dem Suffix -en gebildet (z. B.: ver**geben**). Allerdings ändert sich in aller Regel der Stammvokal oder ganze Morpheme (best**eh**en – best**and**en). Gemischte Verben wiederum werden mit Zirkumfix ge- -t gebildet, allerdings mit verändertem Stammvokal (z. B.: n**e**nnen – gen**a**nnt).

Die didaktische Aufbereitung der Materialien

Während Sie in diesem Band selbst Stundenentwürfe, Erzähltexte, die passenden Verbkarten (WKP/ WKW) und Arbeitsblätter (**AB**), Figuren für die Stundeneinstiege (**TB1/F1A–F1E**) und Arbeitsunterlagen (**AU1–AU6**) sowie Lernspiele und Lernstandserhebungen finden, besteht das Zusatzmaterial, das Sie online herunterladen können, aus Bildern zur Einführung und zusätzlichen **Wortkarten** (Nomen und Adjektive aus den Grundwortschätzen) für offene oder geschlossene Schreibaufgaben sowie den Lösungen. Damit Sie wissen, welches Material für welche Sequenz benötigt wird, finden Sie die entsprechenden Abkürzungen (**AU1**, **KR1**, ...) im Ablaufplan. Auch die Wortkarten sind nummeriert (WK1–WK6). Die Nummern hinter den Abkürzungen entsprechen den Nummern der jeweiligen Sequenz, sodass sie problemlos der Sequenz zugeordnet, vor einer Lernstandserhebung für inhaltlich wiederholende **Lernspiele** genutzt und anschließend wieder sortiert werden können. Die Arbeitsblätter in diesem Heft sollten für die Lerner kopiert und in einem eigenen **Portfolio** (Ordner) gesammelt werden.

Die zur Sequenz notwendigen Materialien AU1 bis AU6 (ab Seite 58), F1A – F1E + KR1 (siehe Seite 56 bzw. 57), sollten für jeden Lerner und den Lernbegleiter farbig ausgedruckt (in DIN A4) und laminiert werden, sodass sie mit einem abwischbaren Stift beschrieben und bei Bedarf für mehrere Jahrgänge genutzt werden können. Auch müssen die Wortkarten zur jeweiligen Sequenz pro Lern-Tandem und für den Lernbegleiter einmal ausgedruckt und eventuell laminiert werden. Bei **AU1–AU6** werden der Arm und ggf. die Krone (jeweils unten auf der Seite) ausgeschnitten. Der Arm sollte durch eine Briefklammer jeweils an der Schulter der Figur befestigt werden, sodass er beweglich ist. Bei Tafelbild 1 (**TB1**), das nur durch den Lernbegleiter zur Einführung genutzt wird, muss ebenfalls jedes Einzelteil ausgeschnitten werden, genauso wie die Figuren **F1A–F1E** und die **Satzstreifen**. Diese werden bei Bedarf zu **Wortstreifen** auseinandergeschnitten. Bewährt hat sich, die Figuren zunächst sortiert in jeweils einem Kistchen oder Umschlag zu sammeln. Eine **Dokumentenkamera** und ein passender **Beamer** sind von großem Vorteil, da die **Erzähltexte, Hintergründe** und **Materialien** (insbesondere zur Einführung) derart aufeinander abgestimmt sind, dass sie den größten Effekt durch die Übertragung auf eine weiße Fläche mittels Dokumentenkamera erzielen. Die Figuren, Arbeitsblätter und Arbeitsunterlagen können alternativ auch auf Folie kopiert und über den Tageslichtprojektor projektiert oder ausgedruckt und/oder ausgeschnitten an die Tafel gehängt werden.

Die **Satzwerkstatt** im Zusatzmaterial besteht aus weiteren zusätzlichen **Wortkarten** (Nomen, Adjektive). Diese sollten für alle Lerner zusammen einmal ausgedruckt und laminiert werden und von Anfang an sichtbar im Raum platziert sein. Hierzu eignen sich kleine Kisten, die mit „Nomen“, „Adjektive“ oder „Überschriften“ beschriftet werden. Bei den Nomen ist der bestimmte Artikel für DaZ-Lerner farbig markiert. Die Satzwerkstatt kann jederzeit mit weiteren Wortkarten, Bildern, Sätzen oder Texten zur Analyse oder auch durch kreative Schreibanlässe erweitert werden. Durch **Lobkarten** (siehe Seite 63) werden besondere Leistungen der Kinder gewürdigt.

Differenzierung

In den **kooperativen Arbeitsphasen** sollte **ritualisiert** in **gemischten Lern-Tandems** gearbeitet werden. Das heißt, dass immer ein schwächerer und ein stärkerer Lerner zusammenarbeiten sollten, um sich bei Fragen oder in der Austauschphase zu unterstützen (Think – Pair – Share). Dabei sollte der Lernstand nicht zu stark abweichen. Wie schon in der Einleitung erläutert, sollte der Stärkste der „Schwachen" mit dem Stärksten der „Starken" zusammenarbeiten etc. Die Lern-Tandems sollten sich einen Namen geben, um ein Gemeinschaftsgefühl zu entwickeln. Jedes Team sollte möglichst dauerhaft (drei bis sechs Monate) zusammenarbeiten. Die Anzahl der zu bearbeitenden Wortkarten kann in aller Regel durch den Einsatz der Pflicht- (**WKP**) und Wahlkarten (**WKW**) variiert werden. Die schnellen Lerner können auch die Wortwahlkarten (**WKW**) zur Sequenz nutzen (quantitative Differenzierung). Es hängt von den jeweiligen Lernständen der Lerner ab, wie viele Übungsstunden zu den einzelnen Phänomenen zwischen den einzelnen Sequenzen nötig sind. Dies ist individuell zu entscheiden. Außerdem finden Sie zur weiteren Differenzierung, Wiederholung und Übung der Konjugation von Verben im Präsens die Arbeitsunterlage AU1 aus Band 1 ebenfalls in diesem Heft.

Weitere Differenzierungsmöglichkeiten ergeben sich durch die „Lernkarten zum Feldermodell".

Lerninventur / Feedback zum Lernzuwachs

Ob etwas verstanden wurde oder Nachfragen/Hilfen notwendig sind, wird ritualisiert während und am Ende einer Sequenz abgefragt. Jeder Lerner kann mit einer grünen (verstanden und fertig), einer gelben (ich bräuchte noch ein bisschen Hilfe) oder einer roten Karte (ich verstehe nichts) anzeigen, wie es um den Lernzuwachs bestellt ist. So können Sie individuell Unterstützung anbieten. Die Rückmeldekarten lassen sich leicht aus farbigem Tonpapier herstellen. Weitere Möglichkeit: Die Kinder können sie schon während der Sequenz mit einer Wäscheklammer an einer kleinen Fahnenstange aus Holz am Tisch befestigen. Ein Lerntagebuch kann unterstützend eingesetzt werden.

Selbstkontrolle

Da die Wortkarten der jeweiligen Sequenz nach Phänomen sortiert sind, fällt eine Überprüfung der Flexion relativ leicht. Die Selbstkontrolle kann jedoch auch online erfolgen. Hierzu können Handys oder iPads genutzt werden. Empfehlenswerte Apps dazu sind „Verben Lite" oder „Deutsche Verben" oder https://deutsch.lingolia.com/de/grammatik/konjugator.

Thematische Aufbereitung

In der Regel handelt es sich bei jeder Sequenz um zwei einzelne, inhaltlich zusammenhängende Stunden, die jeweils durch weitere Aufgaben mit den dazugehörigen Wortkarten zur Wahl, zusätzlichen Arbeitsblättern, den Lernspielen oder durch den Einsatz der schon erwähnten Lernkarten vertieft werden können. Dies ist von der Lerngruppe abhängig und sollte individuell entschieden werden. So können die einzelnen Sequenzen auch als einzelne Module durchgeführt oder bei Bedarf weiter unterteilt werden. Die Sequenzen bauen allerdings inhaltlich aufeinander auf und werden immer komplexer, sodass die Reihenfolge eingehalten werden sollte. Die permanente Wiederholung der Begriffe dient der Einprägung.

Aufbau der Sequenzen

Alle Sequenzen sind ritualisiert aufgebaut:

Ankommen	Motivieren / Vorwissen aktivieren
Basislernen	Input / exemplarisches Vorgehen
Differenzierungsphase	Tandem/Erarbeitung
Ergebnissicherung	Vergleich der Ergebnisse / Ausfüllen der Arbeitsblätter
Auswertung/Abschluss	Feedback zum Lernzuwachs

Erzähltexte zur Grammatik

Zur kindgerechten Einführung finden Sie im Folgenden Geschichten aus dem Königreich der Familie Verb, die Sie ritualisiert am Anfang einer Sequenz mit eigenen Worten wiedergeben oder auch vorlesen können. Die fett gedruckten Wörter sollten Sie dabei unbedingt erwähnen, da diese später gemeinsam in die jeweiligen Arbeitsblätter eingetragen werden sollen. Sagen Sie dies den Kindern am besten bereits im Vorfeld, damit sie sich die Begriffe frühzeitig merken können. Sobald Sie einen der fett gedruckten Begriffe vortragen, geben Sie zeitgleich dazu ein Handzeichen, damit die Lerner sehen, dass dies ein wichtiger Begriff ist, der gelernt werden muss. Die Texte sind so formuliert, dass in der Regel ein einzelnes Kind angesprochen wird, um die Aufmerksamkeit des Einzelnen zu erhöhen. Sollte diese Form der Ansprache auf Sie befremdlich wirken, können Sie die Texte selbstverständlich so umformulieren, dass die gesamte Gruppe angesprochen wird (du → ihr).

Weitere Differenzierung / Ritualisierung

Bei Lernern mit geringeren Deutschkenntnissen (oder auch zur Freude aller) können die Verben auf den Wortkarten zu Beginn einer Stunde ritualisiert pantomimisch (durch Lerner) dargestellt und systematisch zugeordnet werden (Tätigkeitsverb/Zustandsverb/Vorgangsverb), sodass ein semantisches Verständnis, die Zuordnung der Wörter auf den Wortkarten zur Wortart „Verb“ und das Lernen derselben erleichtert wird. Statt *Tempus-* und *Lexikalklammer* kann auch der Oberbegriff *Verbklammer* verwendet werden. Das Material können Sie diesbezüglich einfach abändern.

Lobkarten

Lobkarten werden bei guter Leistung vergeben. Vereinbaren Sie zur positiven Verstärkung eine kleine Belohnung (Aufkleber, Süßigkeit ...) bei einer bestimmten Anzahl an Lobkarten. Die Lobkarten können dann dagegen eingetauscht werden.

Sequenz 1: Verbzweitsatz W-Fragen (Lexikalklammer): Starke trennbare Verben im Präsens: Krone-Verben mit a – ä

Ablaufplan zu Sequenz 1

Thema	Verbzweitsatz mit ausgewählten starken trennbaren Verben
Fachliche Ziele	Begriffe lernen: starkes trennbares Verb (starkes Krone-Verb), W-Fragen, Verbzweitsatz Begriffe festigen: Präverb (Krone), starke trennbare Verben, Fragezeichen, Stammvokaländerung: a – ä, Personen Singular/Plural, Verbklammer Bilden von Verbzweitsätzen (W-Fragen) mit ausgewählten starken trennbaren Verben a – ä
Material für die Lernbegleitung	Dokumentenkamera/Beamer abwischbarer Folienstift / feuchtes Tuch Bild: Königskammer → im Zusatzmaterial Material für die Einstiege: TB1-König + Krone (siehe S. 56) Stammbäume: Vorlage zum Konjugieren unterschiedlicher Verben: AU2 (siehe S. 58) Arbeitsblatt AB1-1 (siehe S. 20), Arbeitsblatt AB1-2 (siehe S. 21) KR1: Das kleine Königreich „Satz" der Familie Verb (siehe S. 57) Figuren für das Königreich: F1A + Krone (siehe S. 56) zerschnittene Satzstreifen (siehe S. 62) Wortkarten WKP1 (siehe S. 19)
Material für die Lerner	abwischbarer Folienstift / feuchtes Tuch Stammbäume: Vorlage zum Konjugieren unterschiedlicher Verben: AU2 (siehe S. 58) + Krone KR1: Das kleine Königreich „Satz" der Familie Verb (siehe S. 57) Figuren für das Königreich: F1A + Krone (siehe S. 56) Arbeitsblatt AB1-1 (siehe S. 20), Arbeitsblatt AB1-2 (siehe S. 21) Wortkarten WKP1/WKW1 (siehe S. 19)
Ankommen Motivieren / Vorwissen aktivieren	pantomimische Darstellung der Verben WKP1 Erzähltext (siehe S. 18) vortragen
Basislernen 1 Input / exemplarisches Vorgehen	Konjugation von ausgewählten starken trennbaren Verben (AU2) Stammvokaländerung a – ä wie bei starken Verben erkennen
Differenzierungsphase Tandem/Aufgaben	starke trennbare Verben aus WKP1 notieren und konjugieren, vertiefend WKW1 nutzen
Ergebnissicherung	Eintrag auf AB1-1
Basislernen 2	Verbzweitsätze: W-Fragen formulieren
Differenzierungsphase Tandem/Erarbeitung	W-Fragen formulieren mit weiteren WKP1– optional an Tandem-Partner stellen – Korrektur
Auswertung/Abschluss Ergebnissicherung/ Feedback	W-Fragen an König/Gruppe stellen W-Fragen auf AB1-2 eintragen Material jeweils in den eigenen Portfolio-Ordner einordnen Spiel: Kronen-Bingo: Gemeinsam zwölf starke trennbare Verben mit a – ä an der Tafel sammeln (WKP1/WKW1). Individuell auf Bingo-Vorlage (AB1-2) verteilen lassen. Konjugiert ein Lerner ein Verb richtig, dürfen es alle ankreuzen und an der Tafel wird es ausgestrichen. Wer zuerst vier Verben in einer Linie angekreuzt hat, hat gewonnen und bekommt eine Lobkarte. Feedback zum Lernzuwachs Differenzierungsmöglichkeit Methodenlernen: starke Verben mithilfe der Wortkarten auswendig lernen / abfragen

Erzähltext zu Sequenz 1

Basislernen 1

[Bild Königskammer: TB1 – Krone auflegen mit Aufschrift „an“] „Wo ist denn nun schon wieder meine Krone?“ [TB1 – König auflegen – Krone aufsetzen]. „So, Brille auf.“ [Brille einzeichnen] „Heute will ich wieder an Krone-Verben arbeiten. Weißt du noch, was passiert, wenn ich **trennbare** Krone-Verben konjugiere?“ [Wortmeldungen der Schüler abwarten] „Genau! Ich lege die Krone rechts neben mich. Und wie nennt man meine Kronen in meiner Sprache?“ [**Präverben**] „Ein paar starke Verben kennst du vielleicht schon. Was sind denn noch mal starke Verben?“ [Verben, die beim Konjugieren ihren Stammvokal ändern] „Kannst du dich an eins erinnern?“ [Wortmeldungen der Schüler abwarten] „Kennst du eines dieser **starken** Verben, die auch mit einer ‚an‘-Krone ein stimmiges Vollverb ergeben?“ [Beispiel: anfahren] „Dann wollen wir das mal gemeinsam konjugieren. Bist du bereit?“ [AU2 auflegen – Brille aufmalen – „anfahren“ – gemeinsam schriftlich 1. Person Singular konjugieren] „Wohin muss die Präverb-Krone?“ [Wortbeiträge abwarten – Krone über Spalte „Präverb“ ablegen] „Genau! Die Krone drückt mich im Präsens immer ganz arg. Deshalb muss ich sie ablegen. Kannst du nun das Verb vollständig mit mir konjugieren?“ [du..., er/sie/es ...]. „Das ist ja stark! Fällt dir etwas auf?“ [Wortmeldungen der Schüler abwarten, ggf. noch ein weiteres Verb aus WKP1 gemeinsam konjugieren] „Da verändert sich etwas ...?“ [**Stammvokal in der 2. und 3. Person Singular** – Änderung einkreisen] „Das ist ja wie bei den starken Verben ohne Krone, nur dass das Präverb neben mir liegt. Das heißt, wenn ich die starken Verben auswendig kann, dann kann ich auch die starken trennbaren Verben mit demselben Stamm konjugieren.“ „Danke, König Verb, für die Ausführungen. Das überprüfen wir: Konjugiere allein mindestens drei starke trennbare Verben, die auf den Wortkarten stehen.“ [AU2/WKP1 austeilen – Lerner üben] „Damit du dir alles gut merken kannst, schreiben wir das auf.“ [gemeinsamer Eintrag auf AB1-1, WKP1]

Basislernen 2

[KR1 + F1A + Krone / Brille aufmalen, auflegen] „Heute darfst du mal ganz viele Fragen an mich stellen. Allerdings unter zwei Bedingungen: Es müssen W-Fragen sein und sie müssen mit Verben aus den Wortkarten gebildet werden. Was sind denn W-Fragen?“ [W-Fragewörter sammeln, indem sie auf Blankowortstreifen geschrieben werden – sichtbar platzieren] „Ich ziehe jetzt eine Wortkarte und du hilfst mir, eine W-Frage zu formulieren.“ [WKP1 ziehen, Beispiel: „abfahren“] „Kannst du eine W-Frage im Präsens / in der Gegenwart mit dem Verb ‚abfahren‘ formulieren?“ [Wortbeiträge der Lerner] „Wie muss ich denn diese Frage in das Königreich einordnen?“ [Wortbeiträge der Lerner; Lösung: Satzstreifen mit W-Frage in Vorfeld von KR1 legen, „ab“ auf Krone / „fahren“ auf den Bauch von F1A schreiben. Gemeinsam im KR1 platzieren und den Satz im Mittelfeld mit Folienstift ergänzen. Beispiel: Wann fahren der Zug ab] „Da fehlt noch das Verb!“ [„fahren“ konjugieren: Eintrag in linker Klammer] „Da fehlt doch noch etwas?“ [**Fragezeichen**; Fragezeichen in Spalte SZ eintragen] „Nun bist du dran: Bilde weitere W-Fragen mit anderen starken trennbaren Krone-Verben aus deinen Wortkarten [WKP1] im Präsens, Fragen, die du später an mich stellen wirst.“ [KR1 + F1A + Krone austeilen; Lerner üben] „Nun kannst du deine Frage stellen.“ [W-Fragen mit starken trennbaren Verben (a – ä) werden gestellt – König beantwortet Fragen oder gibt diese an die Gruppe weiter; gemeinsamer Eintrag auf AB1-2] „Wo steht denn bei W-Fragen König Verb?“ [**linke Verbklammer, hinter Satzglied im Vorfeld** – auf F1A verweisen] „Weißt du noch, wie man solche Sätze nennt, bei denen etwas im Vorfeld, vor der linken Klammer, steht?“ [**Verbzweitsätze**] „Genau! Die kommen im Deutschen ganz besonders häufig vor. W-Frage-Sätze sind also Verbzweitsätze. Wie nennt man denn das, wenn sich ein Teil des Verbs in der linken und ein anderer in der rechten Klammer befindet?“ [**Verbklammer**; Eintrag auf AB1-2] „Starke trennbare Verben muss man auswendig lernen. Dazu spielen wir jetzt Kronen-Bingo.“ [Kronen-Bingo mit vier starken trennbaren Verben spielen; Anleitung siehe Ablaufplan.]

Was?	Wann?

einladen WKP1	hinfallen WKP1	ausschlafen WKP1
abfahren WKP1	vorbeilassen WKP1	anhalten WKP1
herlaufen WKP1	umladen WKP1	auswaschen WKP1

ausblasen WKW1	umgraben WKW1	vortragen WKW1
anfallen WKW1	anlaufen WKW1	anwachsen WKW1
vorladen WKW1	anhalten WKW1	hintragen WKW1

AB1-1: Starke trennbare Verben im Präsens a zu ä

Name: .... Datum: ....

Es gibt auch bei den Krone-Verben .... Vollverben. Von starken Verben spricht man im Königreich dann, wenn sich der .... beim Konjugieren ändert. Wenn König Verb konjugiert, muss er natürlich erst einmal seine Brille aufsetzen. Zeichne diese ein. Markiere dann die Stammvokaländerung in der .... rot:

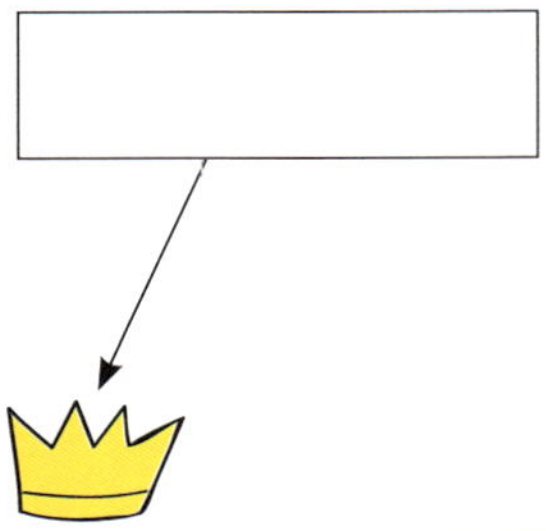

ich			
du			
er/sie/es			
wir			
ihr			
sie			
Person	**Stamm**	**Endung**	**Präverb**

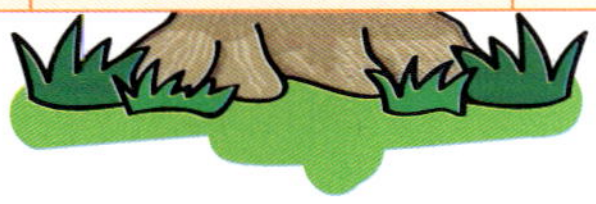

ich			
du			
er/sie/es			
wir			
ihr			
sie			
Person	**Stamm**	**Endung**	**Präverb**

Weitere starke trennbare Verben findest du auf den Wortkarten WKP1. Trage diese hier ein. Starke Verben musst du auswendig lernen. Fallen dir noch mehr Krone-Verben ein? Schreibe sie dazu.

AB1-2: Verbzweitsätze (W-Fragen) mit starken trennbaren Verben im Präsens

Name: .... Datum: ....

W-Fragen sind ...., weil vor dem .... Verb in der .... Klammer das W-Fragewort im .... und somit das finite Verb an zweiter Stelle steht.

Beispiele in der 2. und 3. Person Singular:

Vorfeld	linke K(l)ammer	Mittelfeld	rechte K(l)ammer	Satz-zeichen

....

W-Frage-Sätze enden immer mit einem .... als Satzzeichen.

Kronen-Bingo:

Sequenz 2: Tempusklammer: Schwache Verben im Präsensperfekt mit „haben“

Ablaufplan zu Sequenz 2

Thema	Schwache Verben im Präsensperfekt mit „haben“
Fachliche Ziele	Begriffe lernen: Präsensperfekt, Partizip II, Hilfsverb, Zirkumfix, Verbklammer Begriffe festigen: schwache Verben, finites Verb, Satzzeichen, Punkt Konjugieren schwacher Verben im Präsensperfekt mit „haben“ Bilden von Verbzweitsätzen mit schwachen Verben im Präsensperfekt (Tempusklammer) mit „haben“ Wissen: Das Partizip II wird bei schwachen Verben mit dem Zirkumfix ge- -t gebildet.
Material für die Lernbegleitung	Dokumentenkamera/Beamer abwischbarer Folienstift, feuchtes Tuch Bilder: Straße; Auto1 → im Zusatzmaterial Material für die Einstiege: TB1-König, Uhr (siehe S. 56) zerschnittene Satzstreifen (siehe S. 62) KR1: Das kleine Königreich „Satz“ der Familie Verb (siehe S. 57) Figuren für das Königreich: F1A/F1E/F1C/F1Uhr/Badewanne (siehe S. 56) Arbeitsblatt AB2-1 (siehe S. 25), Arbeitsblatt AB2-2 (siehe S. 27) Stammbäume: Vorlage zum Konjugieren unterschiedlicher Verben: AU3 (siehe S. 59) Wortkarten WKP2 (siehe S. 24)
Material für die Lerner	abwischbarer Folienstift, feuchtes Tuch Arbeitsblatt AB2-1 (siehe S. 25), Arbeitsblatt AB2-2 (siehe S. 27) Stammbäume: Vorlage zum Konjugieren unterschiedlicher Verben: AU3 (siehe S. 59) eventuell: Vorlage zum Konjugieren Hilfsverb „haben“: AU5 (siehe S. 60) KR1: Das kleine Königreich „Satz“ der Familie Verb (siehe S. 57) Figuren für das Königreich: F1C/F1Uhr (siehe S. 56) Wortkarten WKP2/WKW2 (siehe S. 24)
Ankommen Inhalte / Ziele, Vorwissen aktivieren	pantomimische Darstellung der Verben WKP2 Vorbereitung: Bild: Straße auflegen; Szene mit TB1, König, Auto1, Uhr nachstellen Erzähltext (siehe S. 23) vortragen
Basislernen 1 Input / Verarbeitung / exemplarische Anwendung	KR1/F1A/F1C/F1Uhr und Satzstreifen Zeitform Präsensperfekt einführen WKP2 auf AU4 exemplarisch konjugieren
Differenzierungsphase Tandem/Aufgaben	AU3: Konjugation von weiteren WKP2
Ergebnissicherung 1	Eintrag auf AB2-1
Basislernen 2	exemplarisches Bilden von Verbzweitsätzen im Präsensperfekt mit KR1/F1C/F1Uhr
Differenzierungsphase Tandem/Aufgaben	einfache Verbzweitsätze im Präsensperfekt mit schwachen Verben (WKP2) auf KR1 bilden Differenzierung: WKW2 – Verb mit Konjugation „sein“ suchen
Auswertung/Abschluss Ergebnissicherung/ Feedback	Ergebnisse präsentieren und vergleichen Tempusklammer mit Badewanne visualisieren gemeinsames Ergänzen von AB2-2 Material jeweils in den eigenen Portfolio-Ordner einordnen Feedback zum Lernzuwachs

Basislernen 1

[Bild: Straße auflegen – TB1 – König]: „Hallo zusammen! Schön, dass wir uns wiedersehen!“ [Auto fährt an König vorbei – Zusatzmaterial] „Hast du das gesehen? Was ist denn da gerade passiert? Ich habe gar nichts gehört!“ [Wortbeiträge abwarten, dann Bild entfernen, KR1, F1A und Wortstreifen durcheinander auflegen] „O nein! Alles durcheinandergewirbelt!“

.	habe	Ich	gehört	gar nichts

„Was für eine Unordnung! Ich brauche dringend Ordnung in meinem Königreich! Kann mir bitte jemand helfen, die Satzstreifen ordentlich in das Königreich einzuordnen?“ [Beiträge aufgreifen] „Was ist das Verb?“ [Spekulationen: „habe“ oder „gehört“? Entwickelndes Unterrichtsgespräch, bis die Wortstreifen richtig liegen; F1E + F1Uhr auflegen] „Warum hat die Uhr plötzlich eine Brille auf und hebt ihren Arm?“ [Spekulationen: **Uhr ist finit / König Verb ist infinit.** Uhr ist das Hilfsverb; auf Uhr „haben“ schreiben] „Jetzt ist es mir klar! Mein **Hilfsverb** konjugiert und ich habe frei! Dann hole ich doch gleich meinen Schwimmring.“ [F1E geht (mit „gehört“) – Satz ohne Partizip II vorlesen] „Upps! Da fehlt ja jetzt etwas im Satz!“ [F1C kommt zurück – Wortbeiträge aufgreifen] „Ich will sowieso nur in meiner Badewanne baden.“ [auf Mitte des Schwimmrings „hör“ eintragen – Satz vorlesen] „Da fehlt immer noch etwas.“ [Wortbeiträge der Lerner] „Auf meinem **Zirkumfix** – so heißt mein Schwimmring – fehlt noch etwas …“ [Wortbeiträge der Lerner] „Genau! Da fehlen das ‚**ge**‘ und die Endung ‚**t**‘.“ [auf Zirkumfix eintragen] „Die Endung -t verwendet man bei **schwachen Verben**. Was sind denn noch mal ‚schwache Verben‘?“ [Wortbeiträge der Lerner] „Wenn ich meinen Schwimmring ‚Zirkumfix‘ trage, nennt man mich in der Sprache des Königreichs **Partizip II**. Weißt du, wie die Zeitform von ‚Ich habe gehört‘ heißt?“ [**Präsensperfekt** – KR1 abräumen; AU4 auflegen] „Im Präsensperfekt konjugiere ich also nicht. Das macht im Präsensperfekt wer?“ [das Hilfsverb] „Und ich ziehe meinen Schwimmring Zirkumfix an.“ „Danke, König Verb, für die Ausführungen. Dann wollen wir das mit dem Bilden des Partizips II bei **schwachen Verben** selbst ausprobieren.“ [Ziehen einer WKP2 – Partizip II gemeinsam bilden – im Präsensperfekt in Tabelle AU3 konjugieren]. „Jetzt bist du dran: Bilde das Partizip II und konjugiere mindestens drei Verben der Wortkarten WKP2 auf AU3.“ [Lerner üben; gemeinsamer Eintrag auf AB2-1]

Basislernen 2

[KR1, F1C, F1Uhr + WKP2 austeilen] „Kannst du auch Sätze im Präsensperfekt mit den Wortkarten WKP2 bilden? Schreibe mindestens drei Sätze in das Königreich und stelle den König und die Uhr in die richtige Klammer.“ [Lerner üben] „Ist dir etwas aufgefallen?“ [Mögliche Lösungen: Das Hilfsverb und das Partizip II bilden eine **Verbklammer.** König Verb verändert sich nur einmal: zum Partizip II. Im Präsensperfekt darf das Hilfsverb das Regieren/Konjugieren im Königreich „Satz“ übernehmen. Das Hilfsverb ist dann das **finite** Verb. Das Hilfsverb ist „haben“.]. „Das Hilfsverb und das Partizip II bilden im **Präsensperfekt** eine Verbklammer, indem das Hilfsverb in der linken und das Partizip II in der rechten Klammer stehen. König Verbs Badewanne steht in der rechten K(l)ammer.“ [Badewanne in rechter K(l)ammer positionieren – gemeinsamer Eintrag auf AB2-2].

Differenzierung: „Finde aus den WKW2 das Verb heraus, das bei der Bildung des Präsensperfekt anders ist als die anderen. Warum ist es anders?“ [Das Verb „reisen“ wird mit „sein“ gebildet.]

ärgern WKP2	packen WKP2	leben WKP2
holen WKP2	machen WKP2	wünschen WKP2
hören WKP2	spielen WKP2	danken WKP2

wachen WKW2	ahnen WKW2	lehren WKW2
drehen WKW2	turnen WKW2	wohnen WKW2
reisen WKW2	kämmen WKW2	kehren WKw2

Name: .... Datum: ....

Wenn etwas vor der Gegenwart passiert, das noch Auswirkung auf die Gegenwart hat, benutzt man im Deutschen die Zeitform .... Oft ist dies in der wörtlichen Rede der Fall.

Beispiel:

Das Präsensperfekt wird im Deutschen aus einer Wortgruppe gebildet,

dem .... 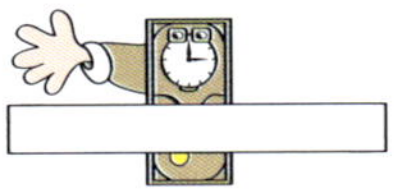 und dem ....

Das Hilfsverb darf im .... konjugieren, zieht darum die Brille auf und ist .... König Verb zieht seinen Schwimmring an und geht in seine Badewanne. Er arbeitet und verändert sich nicht mehr und ist somit ....

Wie das Partizip II bei schwachen Verben gebildet wird:

Als .... zieht König Verb einen Schwimmring an. Dieser heißt .... Der Schwimmring besteht aus drei Teilen. Der erste Teil ist immer ein .... und der zweite Teil ist immer der Stamm des Verbs. .... Verben haben im Partizip II die Endung ....

Partizip II:

AB2-1: Schwache Verben im Präsensperfekt	Blatt 2
Name:	Datum: ....

Wie man das Hilfsverb „haben“ im Präsensperfekt konjugiert:

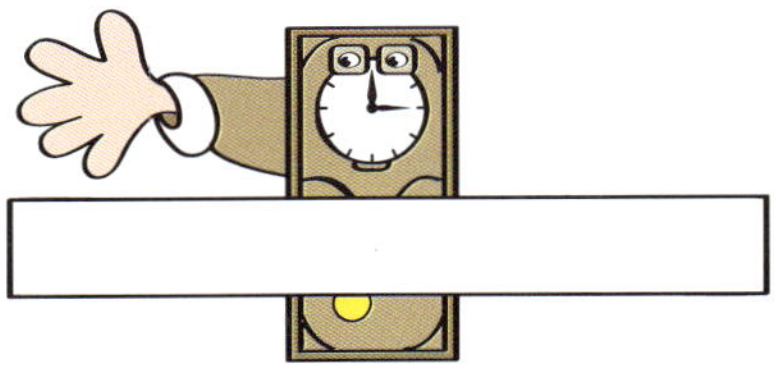

ich	
du	
er/sie/es	
wir	
ihr	
sie	
Person	

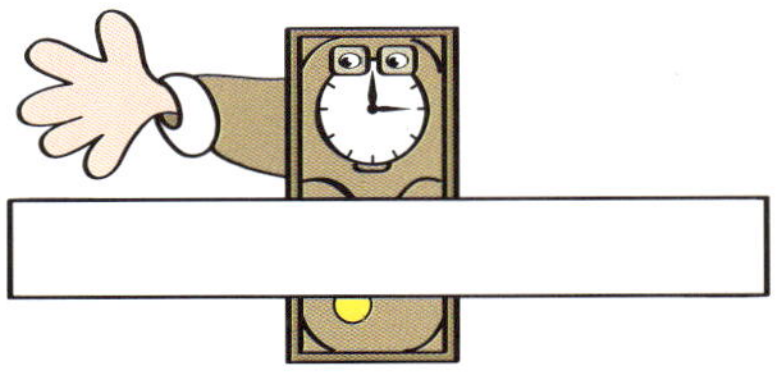

ich	
du	
er/sie/es	
wir	
ihr	
sie	
Person	

Das Hilfsverb „haben“ verändert sich im Präsensperfekt. Es ist ....

Konjugation schwacher Verben im Präsensperfekt (Beispiele aus WKP2)

Kreise die Endungen rot ein.

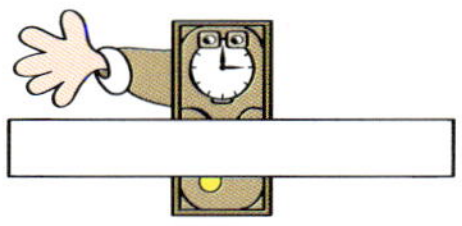

ich				
du				
er/sie/es				
wir				
ihr				
sie				
Person	**Hilfsverb**	**Zirkum-**	**Stamm**	**-fix**
		Partizip II		

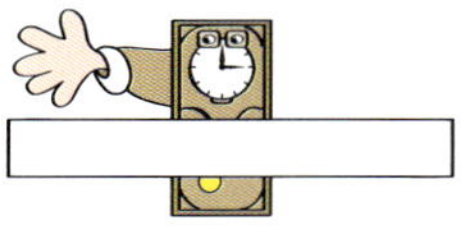

ich				
du				
er/sie/es				
wir				
ihr				
sie				
Person	**Hilfsverb**	**Zirkum-**	**Stamm**	**-fix**
		Partizip II		

AB2-2: Konjugation schwacher Verben im Präsensperfekt

Name: .... Datum: ....

Das Präsensperfekt schwacher Verben im Satz

Das Hilfsverb steht in der .... Klammer. König Verb mit Schwimmring in der Badewanne, das ...., befindet sich in der rechten Klammer.
Das Präsensperfekt bildet durch seine zwei Teile im Satz eine ...., die das Mittelfeld einklammert.

....

Vorfeld	linke K(l)ammer	Mittelfeld	rechte K(l)ammer	Satz-zeichen
Ich	habe	nichts	gehört	.

Das Hilfsverb wird im Präsensperfekt zum arbeitenden, ..., Verb.
Am Ende von Aussagesätzen steht als Satzzeichen ein ....

Schreibe weitere Sätze mithilfe der Wortkarten WKP2 (WKP3) im Präsensperfekt.

Vorfeld	linke K(l)ammer	Mittelfeld	rechte K(l)ammer	Satz-zeichen

Sequenz 3: Tempusklammer: Schwache trennbare Verben im Präsensperfekt mit „haben“

Ablaufplan zu Sequenz 3

Thema	Schwache trennbare Verben im Präsensperfekt mit „haben“
Fachliche Ziele	Begriffe festigen: schwache trennbare Verben, Präverb, Präsensperfekt, Partizip II, Zirkumfix, Hilfsverb, Verbzweitsätze, Verberstsätze Bilden des Partizips II bei schwachen trennbaren Verben Wissen: Das Partizip II wird bei schwachen trennbaren Verben aus Präverb, dem Zirkumfix ge- und -t sowie dem Stamm gebildet. Bilden von Verbzweitsätzen mit schwachen trennbaren Verben im Präsensperfekt (Tempusklammer) mit „haben“
Material für die Lernbegleitung	Dokumentenkamera/Beamer abwischbarer Folienstift / feuchtes Tuch Bild: Königskammer → im Zusatzmaterial Material für die Einstiege: TB1-König + Krone (siehe S. 56) Figuren für das Königreich: F1D/Badewanne/F1Uhr (siehe S. 56) KR1: Das kleine Königreich „Satz“ der Familie Verb (siehe S. 57) Arbeitsblatt AB3-1 (siehe S. 31), Arbeitsblatt AB3-2 (siehe S. 32) Stammbaum: AU4 (siehe S. 59); eventuell AU5 (siehe S. 60) Wortkarten WKP3/WKW3 (siehe S. 30)
Material für die Lerner	abwischbarer Folienstift / feuchtes Tuch Stammbäume: AU4 (siehe S. 59) Arbeitsblatt AB3-1 (siehe S. 31), Arbeitsblatt AB3-2 (siehe S. 32) Figuren für das Königreich: F1D + Badewanne + F1Uhr (siehe S. 56) Wortkarten WKP3/WKW3 (siehe S. 30) KR1: Das kleine Königreich „Satz“ der Familie Verb (siehe S. 57)
Ankommen Motivieren / Vorwissen aktivieren	pantomimische Darstellung der Verben WKP3 Vorbereitung: Bild Königskammer, TB1-Krone mit Aufschrift „vor“ (TB1-König erscheint) Erzähltext (siehe S. 29) vortragen
Basislernen 1 Input / exemplarisches Vorgehen	exemplarisch Partizip II aus WKP3 mit F1D bilden
Differenzierungsphase 1	Partizip II mit drei trennbaren Verben aus WKP3 auf AU4 bilden
Ergebnissicherung 1	gemeinsamer Eintrag auf AB3-2
Basislernen 2	Vorbereitung: KR1/F1D/Badewanne/F1Uhr auflegen exemplarisch: Tempusklammer im Präsensperfekt mit schwachen trennbaren Verben erkennen Verbzweitsätze/Verberstsätze
Differenzierungsphase 2 Tandem/Aufgaben	Geschichte im Präsensperfekt mit schwachen trennbaren Verben (mit „haben“) schreiben – KR1/F1D/F1Uhr; WKP3 / WKW3 Differenzierung: Anzahl der verwendeten Verben variieren
Auswertung/Abschluss Ergebnissicherung/ Feedback	Geschichten vortragen / Kontrolle und Korrektur durch Lernbegleitung gemeinsames Zusammenstellen einer sinnvollen Geschichte auf AB3-2 Material jeweils in den eigenen Portfolio-Ordner einordnen Feedback zum Lernzuwachs Überlegungen zur Verwendung des Präteritums sind an dieser Stelle möglich.

Basislernen 1

[Bild: Königskammer; Auflegen von TB1-Krone mit Aufschrift „vor"] „Wo ist denn nun schon wieder meine Krone?" [TB1-König läuft ein.] „Da ist sie ja, meine äh ... äh ... Wie nennt man meine Krone noch mal in der Sprache des Königreichs?" [**Präverb** – Krone aufsetzen]. „Welche Krone-Verben kennst du?" [Wortbeiträge der Lerner] „Heute darf ich mal wieder im Präsensperfekt arbeiten. Wie war das noch mal, mit dem ‚**Präsensperfekt**'?" [Präsensperfekt wird mit finitem **Hilfsverb** und infiniten **Partizip II** gebildet.] „Danke, König Verb." „Gern!" [TB1 entfernen, F1D + Krone auflegen] „Wie wird denn bei schwachen trennbaren Krone-Verben das Partizip II gebildet? Ich ziehe mal eine Wortkarte." [WKP3] „Da steht (z. B.) ‚umdrehen'. Kannst du das Partizip II von ‚umdrehen' bilden?" [Wortbeiträge der Lerner: „umgedreht"] „um-ge-dreh-t" [Partizip II mit Folienstift auf Krone und in Schwimmring eintragen – gemeinsam auf AB3-2 konjugieren] „Und wie ist das bei ..." [WKP3 ziehen; F1D mit feuchtem Tuch reinigen; neu beschriften – gemeinsam auf AB3-2 konjugieren] „Probiere du mal! Bildet im Lern-Tandem das Partizip II von mindestens drei weiteren trennbaren Krone-Verben aus WKP3." [AU4, WKP3 austeilen; Lerner üben] „Was passiert mit der Krone?" [Sie bleibt bei der Bildung des Partizips II immer auf dem Kopf und somit vor dem **Zirkumfix.**] „Wenn ich bei **schwachen trennbaren Verben** Partizip II bin, also die Uhr konjugiert und ich baden gehe, behalte ich immer meine Krone wie eine Badekappe auf." [gemeinsames Eintragen auf AB3-1]

Basislernen 2

[KR1/F1D + Badewanne/F1Uhr auflegen]. „Was passiert, wenn König Verb diese schwachen trennbaren Krone-Verben im Präsensperfekt in sein Königreich mitnimmt? Ich ziehe mal ein Wortkärtchen." [WKP3 ziehen] „Hilfst du mir, einen ganzen Satz im Präsensperfekt zu formulieren?" [WKP3 ziehen, z. B. „antippen"] „Zuerst einmal: Wie heißt denn das Partizip II von ‚antippen'?" [mit Folienstift „angetippt" auf F1D eintragen] „Kannst du einen Satz im Präsensperfekt mit ‚angetippt' bilden?" [Beispiel: Er hat mich mit dem Finger angetippt. – „haben" auf F1Uhr eintragen] „Wo stehen König Verb und das Hilfsverb, die Uhr, nun im Königreich?" [Beiträge der Lerner; Lösung: Uhr steht in der linken Klammer, der König in der rechten – Satz mit Folienstift in Tabelle eintragen.] „Ist das ein Verberstsatz oder ein Verbzweitsatz?" [Wortbeiträge der Lerner; Lösung: **Verbzweitsatz**] „Schreibe allein oder zusammen im Lern-Tandem eine Geschichte mit möglichst vielen Wortkarten [WKP3/WKW3] im **Präsensperfekt**. Du kannst **Verberstsätze** und auch Verbzweitsätze bilden. Die Sätze müssen richtig in das Königreich eingetragen sein. Wer hat am Ende die meisten Wortkarten sinnvoll verwendet und die schönste Geschichte geschrieben? Hilfen findest du in der Nomenbox. Schreibe die Geschichte zunächst auf dein Konzeptblatt KR1-AB. Vergiss die Überschrift nicht." [WKP3/WKW3/F1D + Badewanne/F1Uhr / KR1 austeilen; Lerner schreiben; Vortrag der Geschichten; gemeinsames Zusammenstellen einer sinnvollen 5-Satz-Geschichte; gemeinsames Ausfüllen von AB3-2]

umdrehen WKP3	anlehnen WKP3	anfahren WKP3
umkehren WKP3	anfühlen WKP3	umdrehen WKP3
anbohren WKP3	einholen WKP3	antippen WKP3

ausmachen WKW3	annähen WKW3	aufstöhnen WKW3
zustimmen WKW3	anrühren WKW3	vorwählen WKW3
auffüllen WKW3	vorfühlen WKW3	vorführen WKW3

AB3-1: Schwache trennbare Krone-Verben im Präsensperfekt mit „haben“

Name: .... Datum: ....

Wie das Partizip II gebildet wird

Schwache Verben erkennt man daran, dass sie ihren .... nicht verändern, z. B.: m<u>a</u>chen – m<u>a</u>che – m<u>a</u>chte – gem<u>a</u>cht. Außerdem bilden schwache Verben das Partizip II mit dem Morphem ge- und der Endung ...., die gemeinsam den .... des Verbs umringen. Bei schwachen **trennbaren** Krone-Verben wird zur Bildung des Partizips II außerdem noch das  .... vor das 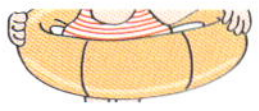 .... gesetzt (z. B.: vor-gelegt).
König Verb ist als Partizip II .... und zu träge, die Krone vom Kopf zu ziehen: Er nutzt sie wie eine Badekappe.

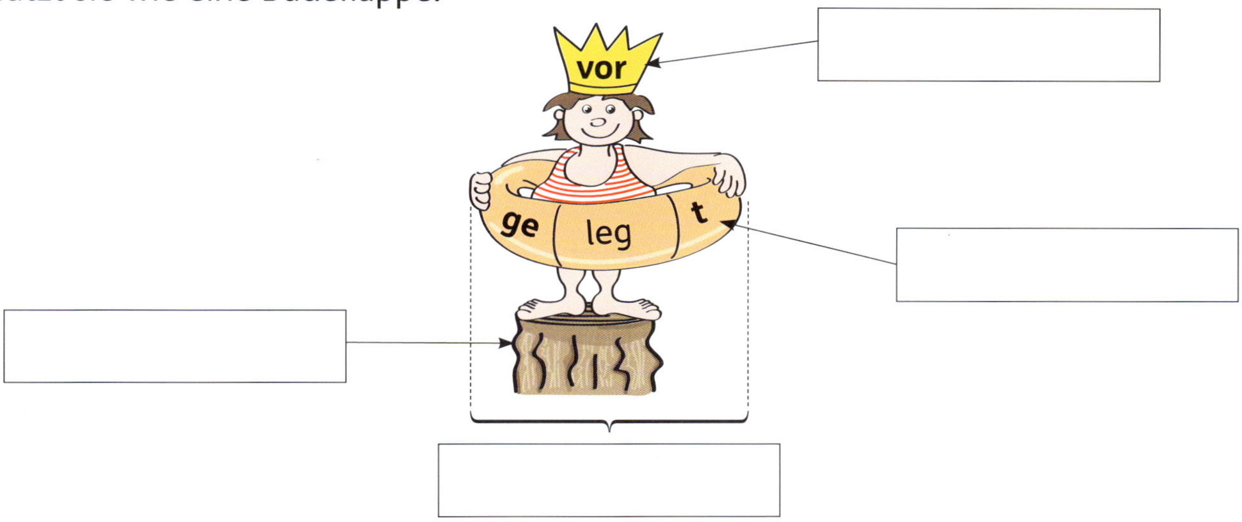

Das Partizip II von schwachen trennbaren Verben (Beispiele aus WKP3):

AB3-2: Beispiele von schwachen trennbaren Krone-Verben im Präsensperfekt

Name: .... Datum: ....

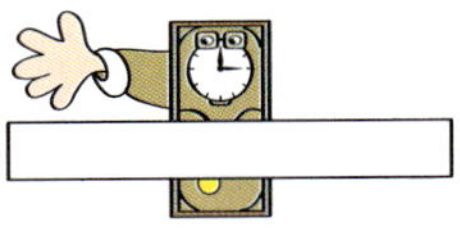

ich					
du					
er/sie/es					
wir					
ihr					
sie					
Person	Hilfsverb	Präverb	Zirkum-	Stamm	-fix
		Partizip II			

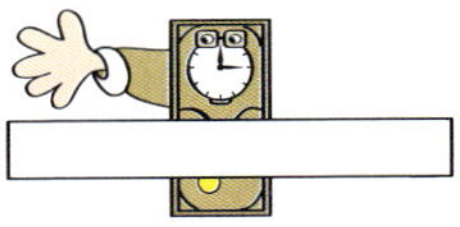

ich					
du					
er/sie/es					
wir					
ihr					
sie					
Person	Hilfsverb	Präverb	Zirkum-	Stamm	-fix
		Partizip II			

Eine kurze Geschichte mit schwachen trennbaren Krone-Verben im Präsensperfekt

Vorfeld	linke K(l)ammer	Mittelfeld	rechte K(l)ammer	Satz-zeichen

Sequenz 4:
Tempusklammer: Starke Verben im Präsensperfekt gleicher Stammvokal mit „sein“

Ablaufplan zu Sequenz 4

Thema	Ausgewählte starke Verben im Präsensperfekt mit gleichem Stammvokal Infinitiv/Partizip II – Bildung Präsensperfekt mit „sein“ und „haben“
Fachliche Ziele	Begriffe lernen: Definition starkes Verb im Partizip II, Suffix (= Endung), Tempusklammer Begriffe festigen: starkes Verb, Partizip II, Hilfsverb, Verbklammer, Verberstsatz, Verbzweitsatz Wissen: Das Partizip II wird bei starken Verben mit Zirkumfix ge- und -en gebildet. eine Geschichte im Präsensperfekt mit ausgewählten starken Verben schreiben Verbklammer (Tempusklammer) erkennen
Material für die Lernbegleitung	Dokumentenkamera/Beamer abwischbarer Folienstift / feuchtes Tuch Bild: Straße + Auto → im Zusatzmaterial Material für die Einstiege: TB1-König + Uhr mit Brille (siehe S. 56) Figuren für das Königreich: F1C/F1Uhr (siehe S. 56) Stammbäume: AU3 (siehe S. 59), eventuell AU5 (siehe S. 60) KR1: Das kleine Königreich „Satz“ der Familie Verb (siehe S. 57) zerschnittene Satzstreifen (siehe S. 62) Arbeitsblatt AB4-1 (siehe S. 37), Arbeitsblatt AB4-2 (siehe S. 38) Wortkarten WKP4/WKW4 (siehe S. 36)
Material für die Lerner	abwischbarer Folienstift / feuchtes Tuch Stammbäume: AU3 (siehe S. 59), eventuell AU5 (siehe S. 60) Arbeitsblatt AB4-1 (siehe S. 37), Arbeitsblatt AB4-2 (siehe S. 38) Wortkarten WKP4/WKW4 (siehe S. 36) Figuren für das Königreich: F1C/F1Uhr (siehe S. 56) KR1-AB: Zusatzarbeitsblatt zur Feldertabelle (siehe S. 63) Personalform-Würfel, Nomen-Wortkarten
Ankommen Motivieren / Vorwissen aktivieren	pantomimische Darstellung der Verben WKP4 Vorbereitung: Bild Straße, Auto 2, TB1-König, TB1-Uhr mit Brille Erzähltext (siehe S. 34) vortragen
Basislernen 1 Input / Verarbeitung / exemplarische Anwendung	Hilfsverb „sein“ konjugieren (eventuell auf AU5) exemplarisch: Partizip II eines ausgewählten starken Verbs auf AU3 bilden Konjugation von „fahren“ im Präsensperfekt mit „sein“ (WKP4)
Differenzierungsphase 1	ausgewählte starke Verben (gleicher Stammvokal Infinitiv/Partizip II) im Präsensperfekt mit „sein“ (WKP4) auf AU3 konjugieren
Ergebnissicherung 1	Eintrag auf AB4-1
Basislernen 2	starke Verben mit gleichem Stammvokal (Infinitiv/Partizip II) im Präsensperfekt mit „sein“ und „haben“ (WKW4) im Satz (KR1) anwenden
Differenzierungsphase 2 Tandem/Aufgaben	starke Verben (gleicher Stammvokal) im Präsensperfekt mit „haben“ und „sein“ im Lern-Tandem (WKW4) mit Personalform-Würfel anwenden Entscheidungsfragen stellen auf KR1
Auswertung/Abschluss Ergebnissicherung/ Feedback	Vergleich im Plenum gemeinsames Ergänzen von AB4-2 Material jeweils in den eigenen Portfolio-Ordner einordnen Feedback zum Lernzuwachs

Basislernen 1

[Bild: Straße – Auto 2 mit König darin fährt vorbei – TB1-König auflegen] „Hallo! Hier bin ich wieder! Habt ihr meinen blauen Flitzer gesehen? Sehr cool, nicht? Ich habe heute wieder mein Hilfsverb, die Uhr mit Brille, dabei.“ [TB1-Uhr mit Brille auflegen] „Was heißt das, wenn die Uhr eine Brille trägt und ich nicht?“ [Hilfsverb ist finites Verb.] „Dann kann ich ja noch ein bisschen Auto fahren.“ [König geht – Auto fährt noch mal vorbei.] „Ja, aber nicht so lange. Wir brauchen dich hier!“ „Was hat König Verb gerade getan?“ [Er ist mit dem Auto gefahren.] „Was ist das für eine Zeitform: ist gefahren?“ [Wortbeiträge der Lerner] „Gefahren? Was ist das für eine Wortart?“ [Verb im **Partizip II**, F1C auflegen.] „Da bist du ja wieder. Wieso hast du deinen Schwimmring dabei?“ „Ich will baden gehen.“ „Du musst doch erst **Partizip II** werden, bevor du schwimmen gehst! Wie lautet denn das Partizip II von ‚fahren‘?“ [Wortbeiträge der Lerner] „Da ist ja gar kein -t am Ende!“ [Wortbeiträge der Lerner] „Da ist ja ‚**-en**‘ die Endung! Das ist ja **stark**!“ „Genau! Ich bleibe einfach in meiner Grundform und setze ein -ge davor.“ [Eintrag auf F1C, dabei Endung „-en“ rot markieren] „Das müssen wir überprüfen. Was sind noch mal **starke Verben**?“ [Verben mit Stammvokaländerung] „Fahren – gefahren. Da ändert sich der Stammvokal doch gar nicht, oder?“ [Nur Grundform/Partizip II sind gleich: fahren – fuhr – gefahren]. „Gibt es noch mehr starke Verben, die ihren Stammvokal im Partizip II nicht verändern?“ [Wortbeiträge der Lerner] „Mal schauen, ob König Verb uns noch mehr Wortkarten hierzu mitgebracht hat.“ [Auflegen AU3, ziehen WKP4 – „Ich bin ge...“ in Tabelle AU3 schreiben] „Was ist denn das für ein Hilfsverb hier?“ [Wortmeldungen der Lerner – „sein“ auf der Uhr in AU3 eintragen.] „Kennst du noch andere starke Verben, die das Präsensperfekt mit ‚sein‘ bilden und ihren Stammvokal beim Bilden des Partizips II nicht verändern?“ [Wortbeiträge der Lerner] „Und wo ist das ‚haben‘ geblieben?“ [Manche Verben brauchen „haben“ und andere „sein“, um das Präsensperfekt zu bilden. Differenzierung: Üben der Konjugation des finiten Hilfsverbs „sein“ in Tabelle AU5.] „Wenige starke Verben bilden das **Präsensperfekt** mit ‚sein‘ und verändern bei der Bildung des Partizips II ihren Stammvokal nicht. Mal schauen, ob wir alle, die auf den Wortkarten stehen, gefunden haben.“ [Ziehen der WKP4 – vorlesen, bilden von Partizip II – zur Sammlung dazuschreiben] „Bilde das Präsensperfekt der sechs Verben aus WKP4 auf AU3: 1. Verb: Ich ..., 2. Verb: Du ...“. [AU3 + WKP4 austeilen; gemeinsamer Eintrag auf AB4-1; Differenzierung im Vorfeld: schriftliches Konjugieren von „sein“ auf AU5]

Basislernen 2

[KR1 + F1C + Badewanne + F1Uhr und zerschnittene Satzstreifen auflegen]

ICH	BIN	DAS AUTO	GEFAHREN	?
DU	HAST	EINEN ROCK	GETRAGEN	?

[F1C: Brille einzeichnen] „Das ist ja wieder ein Durcheinander hier. Kannst du mir helfen, die Wörter im Königreich in zwei **Verbzweitsätze** zu ordnen?“ [Lerner sortieren Satzstreifen unter Dokumentenkamera.] „Wo stehe ich, König Verb?“ [als Partizip II in der rechten Klammer] „Wo steht das Hilfsverb, meine Uhr?“ [in der linken Klammer; Lerner legen Figuren F1C + Badewanne und F1Uhr in die passenden Klammern.] „Wie nennt man das eigentlich im Königreich, wenn das Hilfsverb in der linken und König Verb in der rechten Klammer steht?“ **[Verbklammer]** „Und weil es hier um eine „Zeitklammer“ handelt, wird diese Klammer „**Tempusklammer**“ genannt. Wie nennt man diese Art einer Frage, auf die man nur mit Ja oder Nein antworten kann?“ [Entscheidungsfrage]

„Sind Entscheidungsfragen **Verberst- oder Verbzweitsätze?**“ [Verberstsätze] „Schreibt gemeinsam im Lern-Tandem mit den Wortkarten WKP4 und WKW4 Entscheidungsfragen im Präsensperfekt auf die Arbeitsunterlage KR1. Geht dabei so vor: Nehmt den Würfel und 10 Nomen-Wortkarten. Würfelt mit dem Würfel die Person [Würfeln demonstrieren – Beispiel: Du], zieht eine Verb-Wortkarte [eine Wortkarte WK4 ziehen] und überlegt euch gemeinsam, wie man das Verb im Präsensperfekt konjugiert [Beispiel: Du hast getragen]. Zieht nun eine Nomen-Wortkarte. Überlegt euch mit dem Nomen eine sinnvolle und grammatisch richtige Entscheidungsfrage und schreibt diese (abwechselnd) in die Tabelle KR1 [Beispiel: „Hast du den Eimer getragen?“]. Überprüft zum Schluss mit den Figuren (F1C + Badewanne + F1Uhr), ob tatsächlich bei jeder Entscheidungsfrage König Verb in der rechten Kammer badet und die Uhr in der linken Klammer steht. Wer alle 5 Sätze richtig geschrieben hat, bekommt eine Lobkarte.“ [KR1, Würfel, Nomen-Wortkarten, F1C + Badewanne, F1Uhr austeilen; Lerner üben – Vergleich und Eintrag auf AB4-2 im Plenum]

Personalform-Würfel

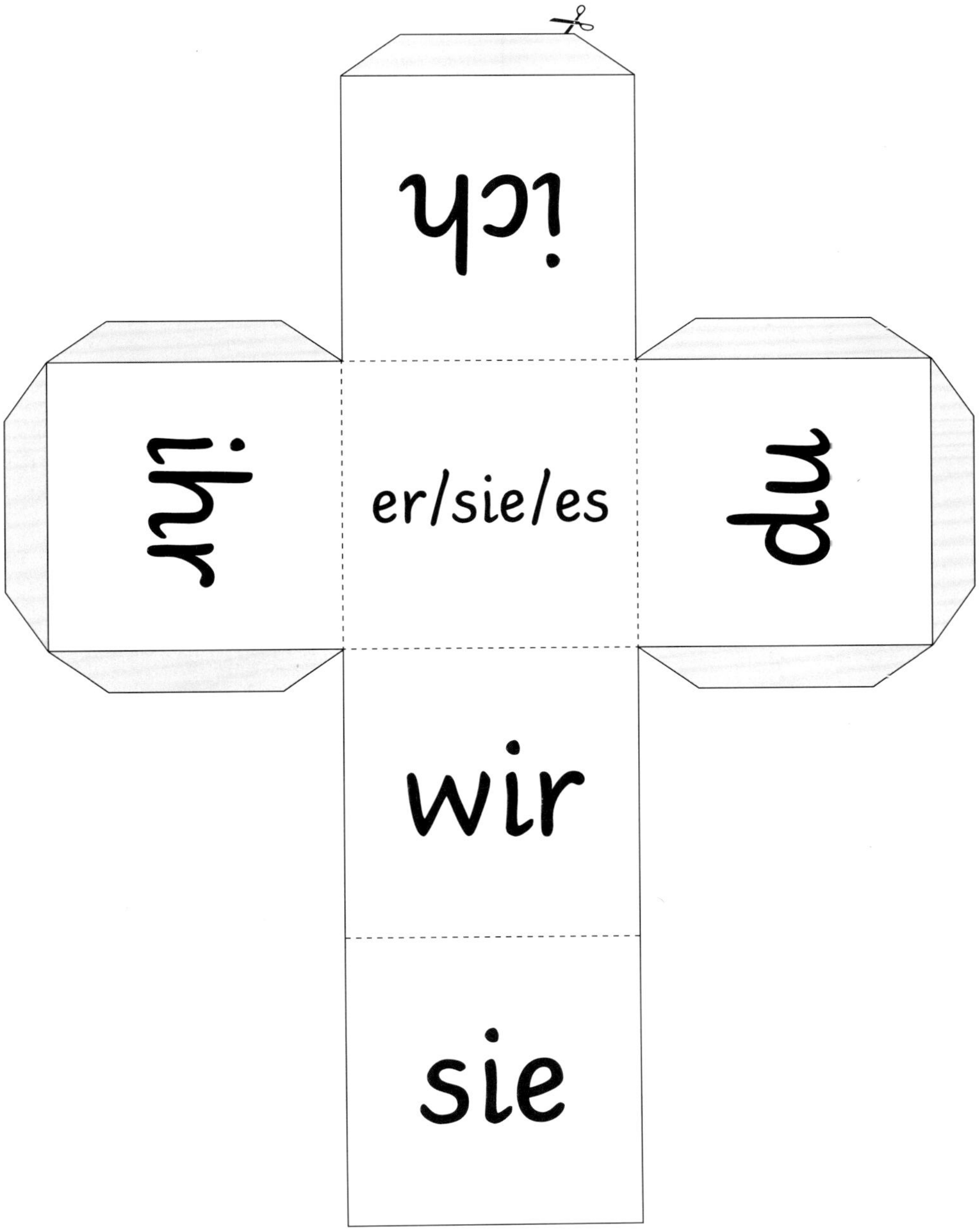

fallen WKP4	fahren WKP4
stoßen WKP4	laufen WKP4
kommen WKP4	wachsen WKP4

fahren WKW4	halten WKW4	stoßen WKW4
lesen WKW4	hauen WKW4	blasen WKW4
kommen WKW4	wachsen WKW4	schlagen WKW4

AB4-1: Starke Verben im Präsensperfekt mit „sein“	
Name:	Datum: ....

Wenige .... Verben verändern ihren Stammvokal beim Partizip II gegenüber der Grundform nicht. Das Hilfsverb im Präsensperfekt kann .... oder .... heißen. Wenige starke Verben, die denselben .... in der Grundform (Infinitiv) und im Partizip II haben, bilden das Präsensperfekt mit dem Hilfsverb .... Zu diesen starken Verben gehören:

Bilden des Partizips II

Das Partizip II von starken Verben wird folgendermaßen gebildet:

Starke Verben erkennt man daran, dass sie das Partizip II mit „ge-“ und der Endung (Suffix) .... bilden. Zusammen umringen sie den .... des Verbs. Das Hilfsverb „sein“ ist im .... finit und passt sich der .... an:

ich	
du	
er/sie/es	
wir	
ihr	
sie	
Person	

ich	
du	
er/sie/es	
wir	
ihr	
sie	
Person	

AB4-2: Das Präsensperfekt mit „sein“ im Königreich „Satz“

Name: .... Datum: ....

Das Hilfsverb „..............................“ steht beim Verbzweitsatz in der .... und das .... in der rechten Klammer. Gemeinsam bilden sie eine Verbklammer, die ....

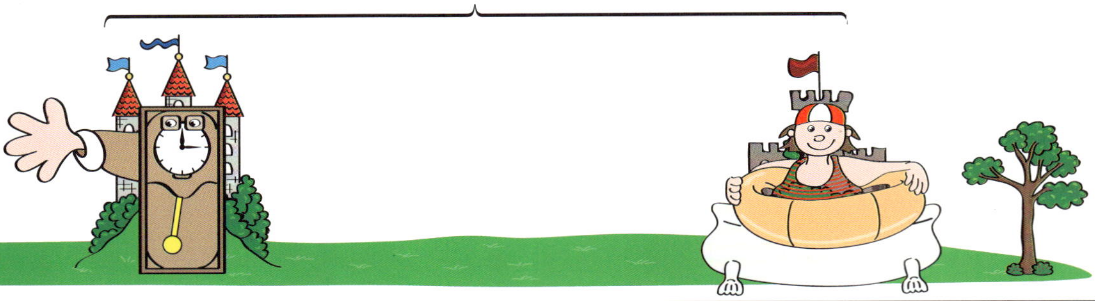

Vorfeld	linke K(l)ammer	Mittelfeld	rechte K(l)ammer	Satz-zeichen

Verberstsätze (Entscheidungsfragen) im Präsensperfekt mit „haben“ und „sein“ (WKP4/WKW4):

Vorfeld	linke K(l)ammer	Mittelfeld	rechte K(l)ammer	Satz-zeichen

Die .... wird im Präsensperfekt auch bei .... (z. B. Entscheidungsfragen) gebildet.

Anzahl der Spieler: 1–4

Spielregeln: Ihr benötigt alle Wortkarten aus den Einheiten 1–4 und die beiden Würfel. Legt die Wortkarten umgekehrt vor euch als Stapel auf den Tisch. Der/die Kleinste beginnt. Würfle mit beiden Würfeln und ziehe dann eine Wortkarte. Konjugiere das Verb in der richtigen Zeitform. Deine Mitspieler kontrollieren. Hast du richtig konjugiert, darfst du die Wortkarte behalten und der nächste Spieler ist dran. Wer am Ende die meisten Karten hat, hat gewonnen und bekommt eine Lobkarte.

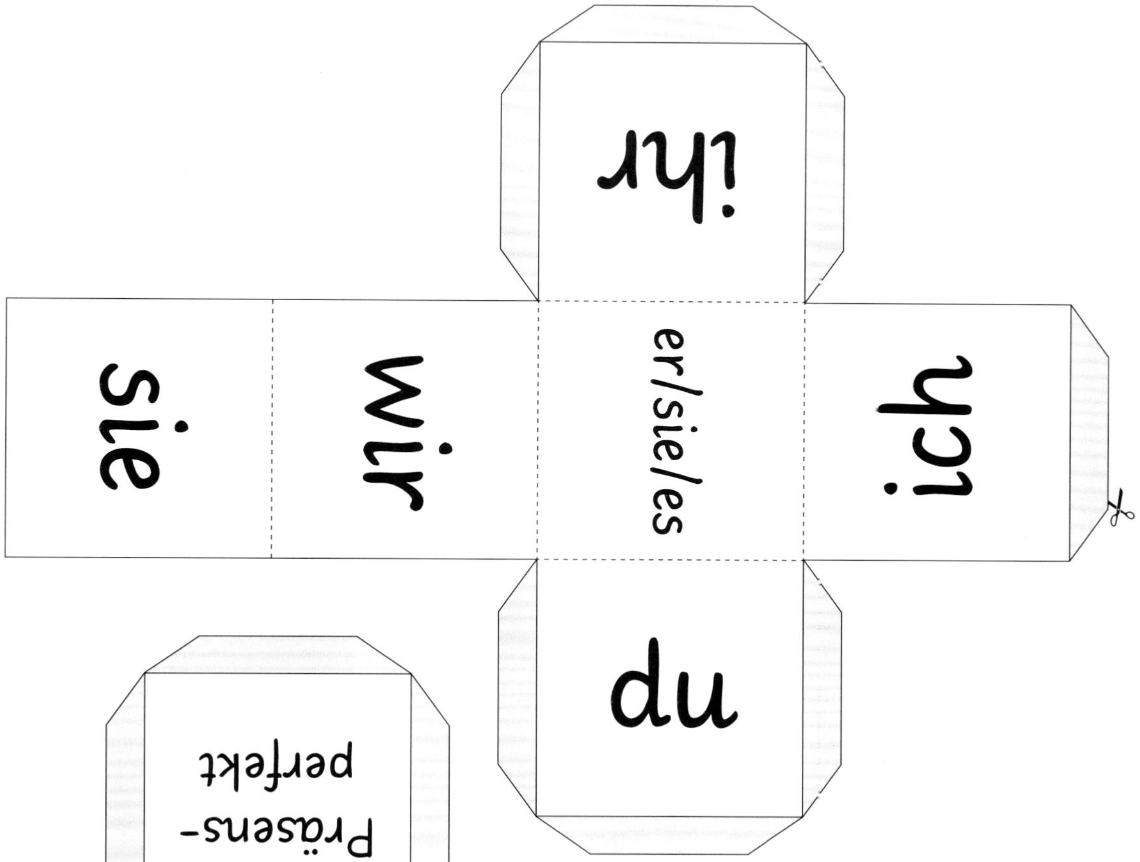

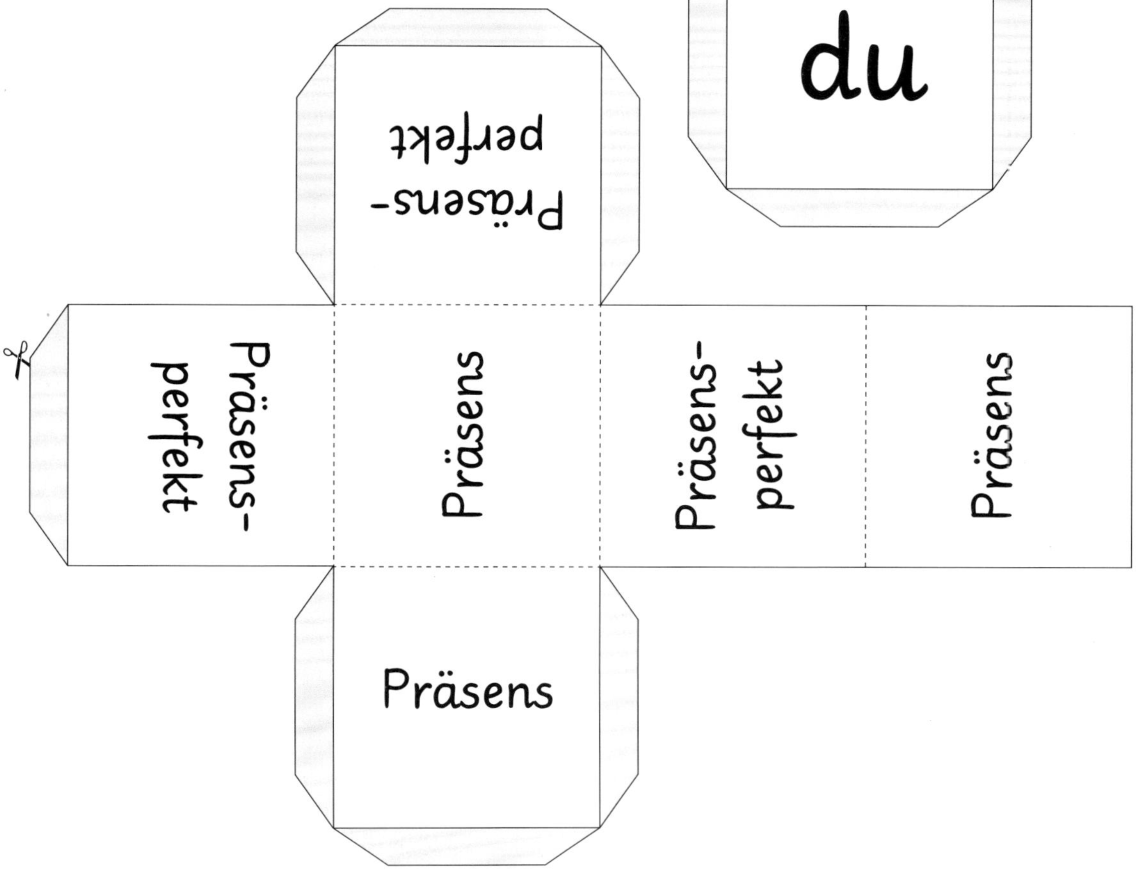

Lernstandserhebung 1 **Blatt 1**

Name: .... Datum: ....

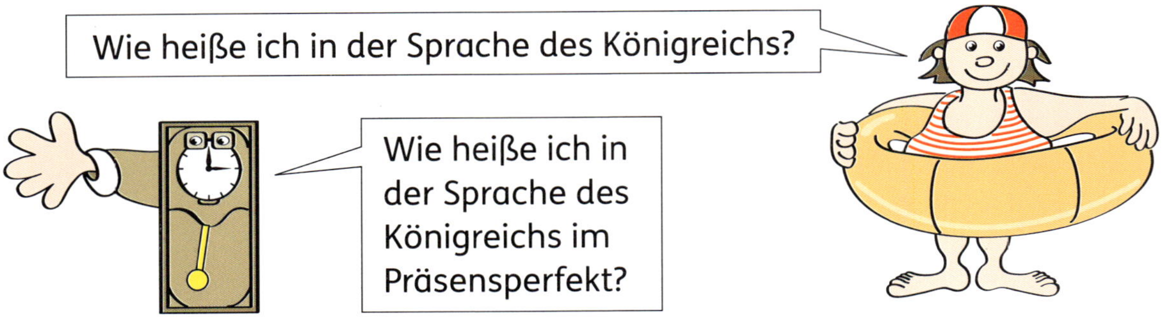

1. a) **Antworten:** Uhr: .... König: ....

1. b) Welche Verben können auf der Uhr stehen? .... oder ....

2. In welcher Zeit darf die Uhr anstelle von König Verb konjugieren?

....

3. a) Ergänze die Tabelle:

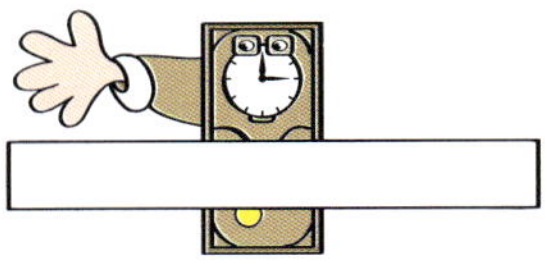 

Person	Hilfsverb	Zirkum-	Stamm	-fix	
		Partizip II			
ich			fahr		
du			turn		
er/sie/es			kehr		
wir			schlag		
ihr			wachs		
sie			stoß		

3. b) Welche der Verben in der Tabelle sind starke Verben? Kreuze die starken Verben in der Spalte hinter der Tabelle (siehe Pfeil) an.

3. c) Schwache Verben verändern ihren .... nicht. Das Partizip II endet bei ihnen auf ....

3. d) Nenne drei Beispiele für schwache Verben im Partizip II, die nicht in der Tabelle stehen: ....

4. a) Um welche Verbform handelt es sich hier?

....

Name: .... Datum: ....

4. b) Beschrifte die Linien mit Begriffen aus dem Königreich.

5. a) Bilde mit folgenden Verben zwei Entscheidungsfragen und drei Verbzweitsätze (alle im Präsensperfekt) und trage sie in die Tabelle ein. Vergiss die Satzzeichen nicht! Verben: braten, herkommen, wachsen, bohren, anfahren

Vorfeld	linke K(l)ammer	Mittelfeld	rechte K(l)ammer	Satz-zeichen

5. b) Welche dieser Verben sind starke Verben?

....

Woran erkennt man „starke Verben"?

....

5. c) Das .... Hilfsverb und das Partizip II bilden im Präsensperfekt eine ....

Diese heißt so, weil das .... durch das Hilfsverb und das .... im Präsensperfekt sozusagen „eingeklammert" wird.

Sequenz 5:
Nicht trennbare Verben im Präteritum

Ablaufplan zu Sequenz 5

Thema	Das nicht trennbare Verb im Präteritum – „Anhänger-Verben"
Fachliche Ziele	Begriffe lernen: nicht trennbare Verben (Anhänger-Verben), Präfix (= Anhänger), Präteritum Begriffe festigen: Verbzweitsatz, infinites/finites Verb wissen, dass sich bei der Konjugation von nicht trennbaren Verben das Präfix nicht löst wissen, wie das Präteritum bei vielen schwachen Verben gebildet wird Verberstsätze im Präteritum mit ausgewählten schwachen Verben bilden
Material für die Lernbegleitung	Dokumentenkamera/Beamer abwischbarer Folienstift / feuchtes Tuch Bild: Königskammer → im Zusatzmaterial Material für die Einstiege: TB1-König + festgeklebter Anhänger (siehe S. 56) Stammbäume: Vorlage zum Konjugieren unterschiedlicher Verben: AU6 (siehe S. 61) Arbeitsblatt AB5-1 (siehe S. 45), Arbeitsblatt AB5-2 (siehe S. 46) Bild: Wald → im Zusatzmaterial Figuren für das Königreich: F1B (siehe S. 56) KR1-AB: Zusatzarbeitsblatt zur Feldertabelle (siehe S. 63) Wortkarten WKP5 (siehe S. 44)
Material für die Lerner	abwischbarer Folienstift / feuchtes Tuch Stammbäume: Vorlage zum Konjugieren unterschiedlicher Verben: AU6 (siehe S. 61) Arbeitsblatt AB5-1 (siehe S. 45), Arbeitsblatt AB5-2 (siehe S. 46) Wortkarten WKP5/WKW5 (siehe S. 44) Figuren für das Königreich: F1B (siehe S. 56) KR1-AB: Zusatzarbeitsblatt zur Feldertabelle (siehe S. 63)
Ankommen Motivieren / Vorwissen aktivieren	pantomimische Darstellung der Verben WKP5 Vorbereitung: Bild: Königskammer + TB1-König + Anhänger auflegen Erzähltext (siehe S. 43) vortragen
Basislernen 1 Input / exemplarisches Vorgehen	ein nicht trennbares Verb im Präteritum exemplarisch auf AU6 konjugieren
Differenzierungsphase 1	Konjugation in EA/Tandem (T) von nicht trennbaren Verben üben – drei zur Wahl aus WKP5, später auf AU6, im Präteritum
Ergebnissicherung 1	Was fällt dir bei diesen Verben auf? (Präfix löst sich nicht. / Endungen bei diesen Verben sind immer gleich.), Eintrag auf AB5-1
Basislernen 2	Vorbereitung: Bild: Wald → im Zusatzmaterial, F1B Sätze mit ausgewählten schwachen nicht trennbaren Verben im Präteritum bilden auf KR1-AB mit F1B
Differenzierungsphase 2 Tandem/Aufgaben	Erzählung im Präteritum auf KR1 oder KR1-AB mit F1B schreiben Differenzierung: erst WLP5, dann WLW5
Auswertung/Abschluss Ergebnissicherung/Feedback	Vorlesen der Erzählungen (Rechtschreibkorrektur durch Lehrkraft) Erzählung auf AB5-2 übertragen AB5-2 ergänzen Material jeweils in den eigenen Portfolio-Ordner einordnen Feedback zum Lernzuwachs Überlegungen zur Verwendung des Präteritumperfekts sind an dieser Stelle möglich.

Basislernen 1

[Bild: Königskammer + TB1-König + Anhänger (gut mit doppelseitigem Klebeband an TB1-König befestigt)] „Hallo, hier bin ich wieder: König Verb. Heute habe ich mir einen Anhänger um den Hals gehängt. Weißt du, was ein Anhänger ist?“ [Wortbeiträge der Lerner] „Manchmal trage ich einen Anhänger. In der Sprache meines Königreichs heißt mein Anhänger ‚**Präfix**‘. Wenn ich mir ein Präfix umhänge und anfange zu arbeiten, muss ich natürlich zuerst wieder ... genau: meine Brille aufsetzen.“ [AU6 auflegen, Brille einzeichnen, auf Bauch „zeichnen“ schreiben.] „Upps. Da steht jetzt ‚zeichnen‘ auf meinem Bauch. Auf so einem Präfix können verschiedene Buchstabenkombinationen stehen: be-, ver-, ent-, er-, zer- zum Beispiel. Welches Präfix passt denn zu ‚zeichnen‘? Ver- oder ent-?“ [Wortbeiträge der Lerner/„be-“ in Anhänger eintragen] „Be-zeichnen ist ein Anhänger-Verb. Es gibt viele Anhänger-Verben.“ [WKP5-Kärtchen zeigen] „Was denkst du, passiert, wenn du ein Anhänger-Verb konjugierst?“ [Spekulationen der Lerner] „Schauen wir mal.“ [Gemeinsames exemplarisches schriftliches Konjugieren des Verbs „bezeichnen“]. „Fällt dir etwas auf?“ [**Präfix bleibt am Stamm / Endungen wie bei schwachen Verben**] „Mal sehen, ob das immer so ist. Konjugiert drei der Anhänger-Verben mündlich im Lern-Tandem.“ [WKP5 austeilen] „Ja, mein Anhänger bleibt immer an meiner Kette um meinen Hals, auch wenn ich arbeite, also konjugiere. Wenn ich ein Präfix an mir dran habe, nennt man mich ‚**nicht trennbares Verb**‘, weil ich mich nie von meinem Anhänger trenne. Es bleibt ‚fix‘ vorne dran. Prä = vorn. Ein ‚**Präfix**‘ eben, das immer bei mir bleibt, wenn ich es mal umgehängt habe. Nun bist noch mal du dran.“ [AU6 austeilen; weiteres Konjugieren von WKW5 auf AU6; Eintrag auf AB5-1]

Basislernen 2

[F1B – Foto: Wald] „Ich möchte euch eine kurze Geschichte erzählen: Es war einmal vor langer Zeit. Ich spazierte durch den Wald. Ich freute mich meines Lebens. In den Bäumen saßen Vögel. Der Geruch von frischem Moos stieg mir in die Nase. Eine leichte Brise strich mir übers Haar. Ich war infinit. Ich schloss die Augen. Ich lauschte.“ [auf Bauch von König „lauschen“ schreiben] „Wenn ich daran denke, fühlt es sich so an, als würde ich im selben Augenblick wieder im Wald stehen. Doch das ist schon lange her – weit in der Vergangenheit. Weißt du, was ‚Vergangenheit‘ in meiner Sprache heißt?“ [Wortbeiträge der Lerner] „**Präteritum**. Im Präteritum spricht man, wenn etwas schon lange her ist. Vieles kann schon lange her sein. Ich habe schon lange nicht mehr mit dir konjugiert. Darum habe ich heute wieder ein paar Verben mitgebracht. Ich bin dann mal wieder fit und finit und ziehe meine Brille auf.“ [Brille aufmalen] „Bist auch du fit? Dann ziehe ich eine Wortkarte.“ [WKP5 ziehen, z. B.: „erleben“] „Erleben – das ist ein besonderes Verb. Wie wird es noch mal genannt?“ [Anhänger-Verb / nicht trennbares Verb; auf Anhänger und Bauch von F1B „er-leben“ eintragen] „Das passt. Ich erlebte damals etwas Schönes. Hast du in der Vergangenheit auch etwas Schönes erlebt? Schaffst du es, allein oder im Lern-Tandem mit den Wortkarten [WKP5/WKW5] im Präteritum darüber zu schreiben?“ [KR1-AB und F1B austeilen] „Wer schafft es, mit möglichst vielen Wortkarten [WKP5/WKW5] eine schöne, sinnvolle Geschichte im Präteritum zu schreiben? Wir beginnen mit: ‚Vor langer Zeit erlebte ich etwas Schönes ...‘“ [Eintrag in KR1-AB] „Vergiss die Überschrift nicht!“ [KR1-AB austeilen; Lerner schreiben; Ergebnisse vortragen und im Plenum auf AB5-2 eintragen; Erzählungen hinsichtlich Rechtschreibung überprüfen.]

bewegen WKP5	entfernen WKP5	verletzen WKP5
entführen WKP5	erlauben WKP5	verschmutzen WKP5
verpacken WKP5	zerstören WKP5	erzählen WKP5

erklären WKW5	bezahlen WKW5	verzichten WKW5
entsenden WKW5	entführen WKW5	versuchen WKW5
erleben WKW5	besuchen WKW5	zerreden WKW5

AB5-1: Nicht trennbare Verben im Präteritum

Name: ………………………………………… Datum: ……………………

König Verb trägt manchmal einen Anhänger um den Hals. In der Sprache des Königreichs nennt man ihn …………………………. Diese Anhänger trennen sich nie von König Verb, darum nennt man diese Verben auch ………………………… Verben. Nicht trennbare Anhänger-Verben können folgende **Präfixe** haben (Beispiele):

Schwache ………………………… Verben werden wie schwache Verben konjugiert, nur behalten sie immer das ………………………… vor dem Stamm. Die Uhr ist ………………………… und gibt das Tempus (die Zeit) an. Hier ist es das …………………………. Vergiss nicht, zuerst die Brille einzuzeichnen.

ich			
du			
er/sie/es			
wir			
ihr			
sie			
Person	**Präfix**	**Stamm**	**Endung**

ich			
du			
er/sie/es			
wir			
ihr			
sie			
Person	**Präfix**	**Stamm**	**Endung**

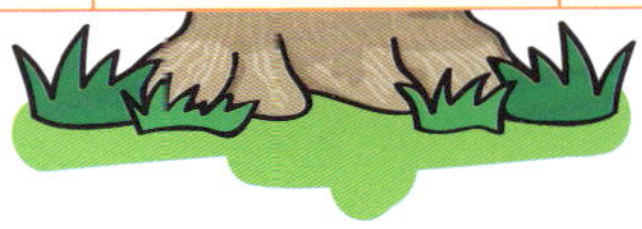

AB5-2: Konjugation im Präteritum

Name: .... Datum: ....

Das Präteritum (Vergangenheit)

Im .... (Vergangenheit) spricht oder schreibt man, wenn etwas längere Zeit vorbei ist und dieses Geschehen nichts mehr mit der Gegenwart zu tun hat (Beispiel: Sie **schenkte** mir einen Kuchen.). Man nutzt das Präteritum oft für Berichte oder Erzählungen.

Schöne Geschichten mit nicht trennbaren schwachen Verben im Präteritum

Nutze hierzu die Wortkarten WKP5 (und WKW5).

Überschrift: ____

Vorfeld	linke K(l)ammer	Mittelfeld	rechte K(l)ammer	Satz-zeichen
Vor langer Zeit	erlebte	ich etwas Schönes		:

Sequenz 6: Starke Verben im Präteritum: ie – o – o (ei – ie – ie)

Ablaufplan zu Sequenz 6

Thema	Starke Verben im Präteritum ie – o – o (ei – ie – ie) / Verbzweitsätze
Fachliche Ziele	Festigung der Begriffe: Stammvokaländerung, starke Verben, Präteritum, Präsensperfekt, Partizip II Wissen aneignen: Konjugation von ausgesuchten starken Verben im Präteritum/Partizip II Erkennen der Stammvokaländerung ie – o – o (ei – ie – ie) Lernen der starken Verben
Material für die Lernbegleitung	Dokumentenkamera/Beamer abwischbarer Folienstift / feuchtes Tuch Bildkarten zu Sequenz 6 (siehe S. 61 und im Zusatzmaterial) Material für die Einstiege: TB1-König (siehe S. 56) Stammbäume: Vorlage zum Konjugieren von Verben: AU1 (siehe S. 58), AU3 (siehe S. 59) Arbeitsblatt AB6-1 (siehe S. 45), Arbeitsblatt AB6-2 (siehe S. 46) Beutel mit Wortkarten WKP6/WKW6 (siehe S. 49) Lernspiel zur Differenzierung → im Zusatzmaterial
Benötigtes Material für die Lerner	abwischbarer Folienstift / feuchtes Tuch Stammbäume: Vorlage zum Konjugieren unterschiedlicher Verben: AU1 (siehe S. 58), AU3 (siehe S. 59) Arbeitsblatt AB6-1 (siehe S. 45), Arbeitsblatt AB6-2 (siehe S. 46) Wortkarten WKP6 (siehe S. 49); als weitere Sequenz: Wortkarten WKW6 (siehe S. 49) Lernspiel zur Differenzierung → im Zusatzmaterial
Ankommen Motivieren / Vorwissen aktivieren	pantomimische Darstellung der Verben WKP6 Vorbereitung: TB1-König / Bildkarten Erzähltext (siehe S. 48) vortragen
Basislernen 1 Input / Verarbeitung / exemplarische Anwendung	AU1: exemplarische Konjugation eines ausgewählten starken Verbs (WKP6) im Präteritum Stammvokaländerung erkennen und markieren
Differenzierungsphase 1	Üben der Konjugation in EA/T von WKP6 auf AU1 Markieren/Vergleichen des Stammvokals infinites Verb / finites Verb im Präteritum
Ergebnissicherung 1	Was fällt euch im Vergleich bei diesen Verben auf? Stammvokaländerung bei Bildung des Präteritums: ie zu o Eintrag auf AB6-1 (alle WKP6 nutzen)
Basislernen 2	Bilden des Partizips II auf AU3 (WKP6)
Differenzierungsphase 2 Tandem/Aufgaben	AU3: Tandem: Bilden und Notieren auf AU3 des Partizips II von sechs Verben WKP6 mit ich, nächstes Verb du, nächstes Verb er/sie/es etc. Vergleich mit Stammvokal im Präteritum auf AU1
Auswertung/Abschluss Ergebnissicherung/ Feedback	Austausch im Plenum: Stammvokaländerung bleibt erhalten: ie – o – o. gemeinsamer Eintrag auf AB6-2 Material jeweils in den eigenen Portfolio-Ordner einordnen Lernspiel zur Differenzierung → im Zusatzmaterial Feedback zum Lernzuwachs
Hinweise	Derselbe Ablauf sollte auch mit den WKW6 (ei – ie – ie) durchgeführt werden (siehe Lernstandserhebung 2). Statt der Bildkarten kann allein die Pantomime als Einstieg dienen. Die Arbeitsblätter AB6-1/2 können ebenfalls bei ei – ie – ie leicht abgeändert verwendet werden.

Basislernen 1

[TB1-König auflegen] „Hallo zusammen! Wisst ihr, was ich in der Zwischenzeit gemacht habe, seitdem wir uns nicht mehr gesehen haben?" [Bildkarten zu Sequenz 6 durcheinander auflegen] ‚*Was ich tat: Ich schob mein Auto und bog um die Ecke. Dann roch ich an einer Hecke. Ich wog einen Beutel, kroch mit ihm zur Tür und flog mit dem Beutel in der Hand zu dir. Dann war ich hier.*' Schön, dass wir uns heute wiedersehen! Ich bin fit und finit und will arbeiten." [König Brille aufmalen] „In welcher Zeit habe ich denn da gereimt?" [eventuell Wiederholung des Gedichts – **Präteritum**] „Kannst du mir helfen, die Bildkarten in die richtige Reihenfolge zu legen und die genannten Verben auf die untere Linie zu schreiben?" [„Was ich tat" noch einmal vorlesen – erstes Verb exemplarisch durch Lehrperson sortieren, dann sortieren die Lerner die Bildkarten. Lerner schreiben mit Folienstift das Verb im Präteritum auf die untere Linie der Bildkarten.] „Gut, dass du mir helfen kannst. Wie heißen denn diese Verben jeweils in ihrer **Grundform**?" [Wortbeiträge der Lerner – Lehrkraft schreibt alle 6 Infinitive auf die obere Linie der Bildkarten] „Bei diesen Verben verändert sich etwas, wenn sie im Präteritum konjugiert werden, was?" [Der **Stammvokal** – mit rotem Stift einkreisen] „Wie nennt man die Verben, bei denen sich der Stammvokal ändert?" [**starke Verben**] „Mal schauen, wie die Verben in meinem Beutel ihren Stammvokal verändern, wenn wir sie ins Präteritum setzen." [Bildkarten entfernen, WKP6 aus Beutel ziehen] „Nehmen wir mal ‚schieben'. Das Verb hatten wir ja schon." [AU1 auflegen – Überschrift: Präteritum – Brille aufmalen – Eintrag auf Bauch von König: „schieben"] „Wie heißt denn hier der Stammvokal?" [Es sind eigentlich zwei: ie. Man spricht trotzdem von einem Stammvokal: langes i(e) markieren.] „Was wird hier aus dem Stammvokal ‚ie', wenn er ins Präteritum gesetzt wird?" [Ich schob – du schobst – .... – AU1 in Tabelle eintragen] „Wie verändert sich also der Stammvokal bei ‚schieben'?" [ie zu o] „Mal schauen, ob noch mehr starke Verben ihren Stammvokal im Präteritum von ie nach o verändern. Kennst du welche?" [Wortbeiträge der Lerner abwarten, AU1 austeilen; im Lern-Tandem soll jeder Lerner sechs Verben aus WKP6 auf AU1 im Präteritum konjugieren: 1. Verb: ich..., 2. Verb: du ..., 3. Verb: er/sie/es .... . Markieren des jeweiligen Stammvokals im Lern-Tandem; Vergleich im Plenum; gemeinsames Ausfüllen von AB6-1] „Diese starken Verben musst du auswendig lernen."

Basislernen 2

[Auflegen AU1 mit Lösungen aus Basislernen 1] „Da bin ich ja mal gespannt, was passiert, wenn du das Partizip II dieser starken Verben bildest." [AU3 neben AU1 legen; Bilden des Partizips II von Beispiel-WKP6: „schieben"] „Was passiert denn hier?" [Stammvokaländerung bleibt erhalten: **ie – o – o**] „Das ist ja stark! Meinst du, das ist bei den anderen Verben auf den Wortkarten WKW6 auch so?" [AU3 austeilen: im Lern-Tandem Partizip II vergleichen – AU1 und AU3 nebeneinanderlegen und AU3 ausfüllen: Verb 1: ich ..., Verb 2: du ..., etc.] „Was fällt dir auf?" [Stammvokaländerung wird beibehalten: ie – o – o.] „Das ist stark! Diese starken Verben musst du auswendig lernen." [Eintrag auf AB6-2]

Möglichkeit für eine weitere Sequenz: Basislernen 1 und 2 mit WKW6: Vokaländerung ei – ie – ie. AB6-1/2 können hierfür leicht abgeändert [AB6-2: Weitere Beispiele: weglassen] nochmals verwendet werden.

biegen WKP6	frieren WKP6	riechen WKP6
ziehen WKP6	fliegen WKP6	bieten WKP6
kriechen WKP6	fliehen WKP6	wiegen WKP6

bleiben WKW6	schreien WKW6	leihen WKW6
reiben WKW6	steigen WKW6	meiden WKW6
schreiben WKW6	treiben WKW6	schweigen WKW6

AB6-1: Starke Verben im Präteritum (ie – o – o)

Name: .... Datum: ....

> Ich schob meinen Wagen und bog seinen Rahmen.
> Dann schloss ich die Tür und flog schnell zu dir.

König Verb hat eine große Verwandtschaft und manche dieser Verben sind .... Das heißt, dass sie ihren .... ändern. Dies tun die meisten der starken Verben auch in der Vergangenheit, dem ....:

Beispiele:

ich		
du		
er/sie/es		
wir		
ihr		
sie		
Person	**Stamm**	**Endung**

ich		
du		
er/sie/es		
wir		
ihr		
sie		
Person	**Stamm**	**Endung**

Diese starken Verben verändern ihren .... im Präteritum von .... zu .... Starke Verben musst du auswendig lernen. Weitere Verben, die ihren Stammvokal im Präteritum von ie zu o ändern:

Grundformen	

Grundform	**Person**	**Präsens**	**Präteritum**
	ich		
	du		
	er/sie/es		
	wir		
	ihr		
	sie		

AB6-2: Starke Verben im Präsensperfekt (ie – o – o)

Name: .... Datum: ....

Starke Verben bilden das Partizip II aus .... und der Endung ....
Außerdem ändern sie oft auch im Partizip II ihren Stammvokal:

Beispiel aus WK6:

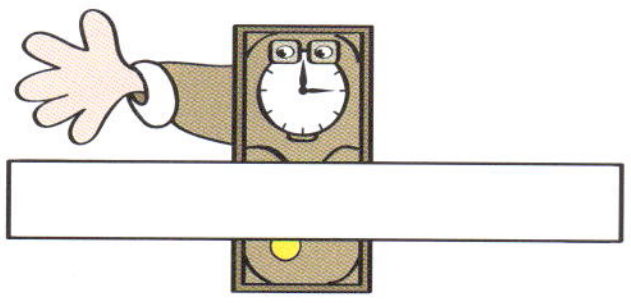

ich				
du				
er/sie/es				
wir				
ihr				
sie				
Person	**Hilfsverb**	**Zirkum-**	**Stamm**	**-fix**
		Partizip II		

Setze ein. Markiere den Stammvokal rot:

Person	Präsens	Präteritum	Partizip II
ich			
du			
er/sie/es			
wir			
ihr			
sie			

Die hier gesammelten .... Verben bilden das .... und das .... durch die Veränderung des ....
von .... (Präsens) zu .... (Präteritum) zu .... (Partizip II).
Weitere Beispiele: ...., ..., ...,
....

Das .... wird hierbei im Präteritum und Partizip II zu „ss".

Beispiel: fließen – floss – geflossen. Starke Verben musst du auswendig lernen.

Würfelspiel vor Lernstandserhebung 2

Anzahl der Spieler: 4

Spielregeln: Ihr benötigt alle Wortkarten aus den Sequenzen 5 und 6, die beiden Würfel und je 2 gleichfarbige Spielfiguren pro Spieler. Legt die Wortkarten verdeckt als Stapel neben das Spielfeld. Jeder Spieler hat 2 Spielfiguren in der jeweils passenden Farbe seines großen „Heimatkreises", also in Gelb, Rot, Grün oder Blau. Die Spielfiguren werden in den farblich passenden Heimatkreis gestellt. Der/die Größte beginnt und würfelt mit beiden Würfeln. Laufe die Anzahl an Feldern, die du gewürfelt hast. Schau, in welcher Zeitform deine Spielfigur auf dem Spielplan steht. Ziehe eine Wortkarte. Konjugiere das Verb in deiner gewürfelten Personalform und der passenden Zeit. Deine Mitspieler kontrollieren. Hast du richtig konjugiert, darfst du die Wortkarte behalten und der nächste Spieler ist dran. Hast du falsch konjugiert, musst du die Felder wieder zurücklaufen. Kommen zwei Spieler auf dasselbe Feld, wird die dort stehende Spielfigur zurück in den Heimatkreis gestellt und der Spieler muss von vorne beginnen. Der Spieler, dessen beide Figuren am schnellsten über das gesamte Spielfeld und die farblich passenden kleinen Kreise in den Mittelkreis zu König Verb gelaufen sind, gewinnt, und bekommt eine Lobkarte.

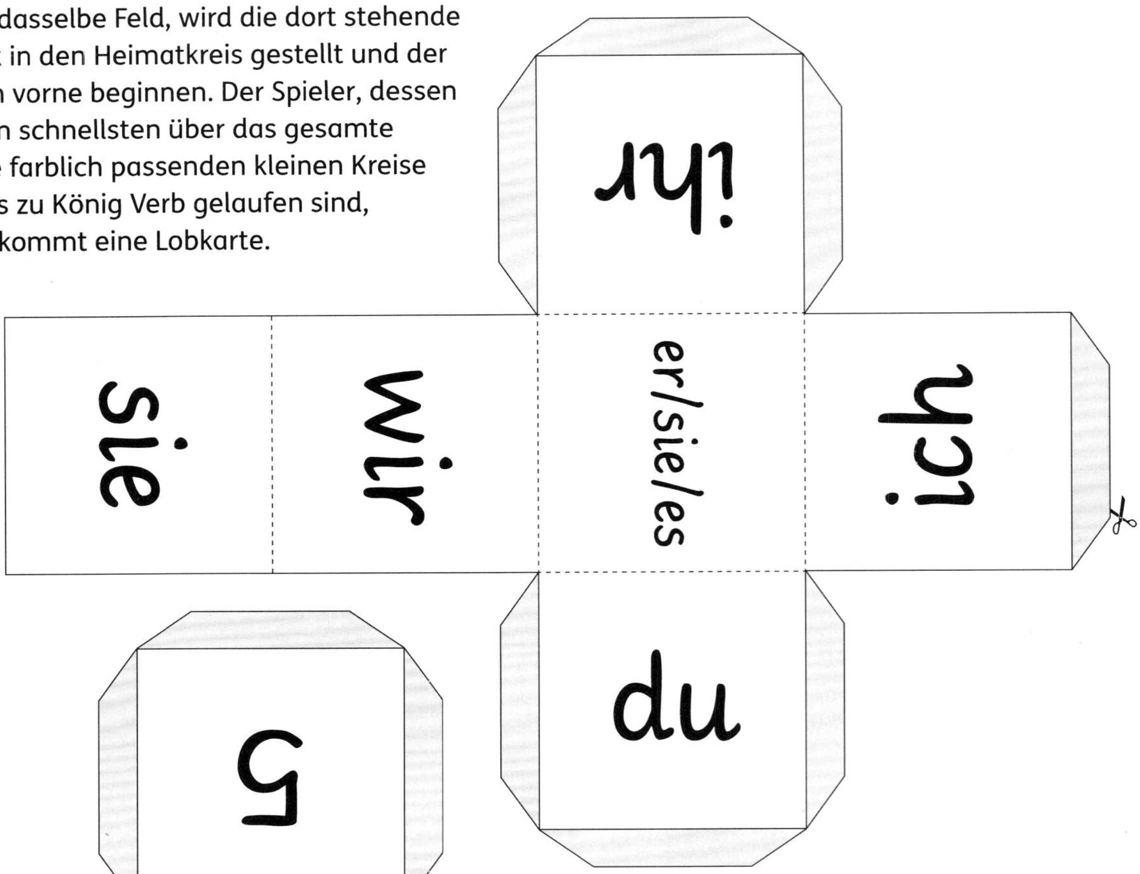

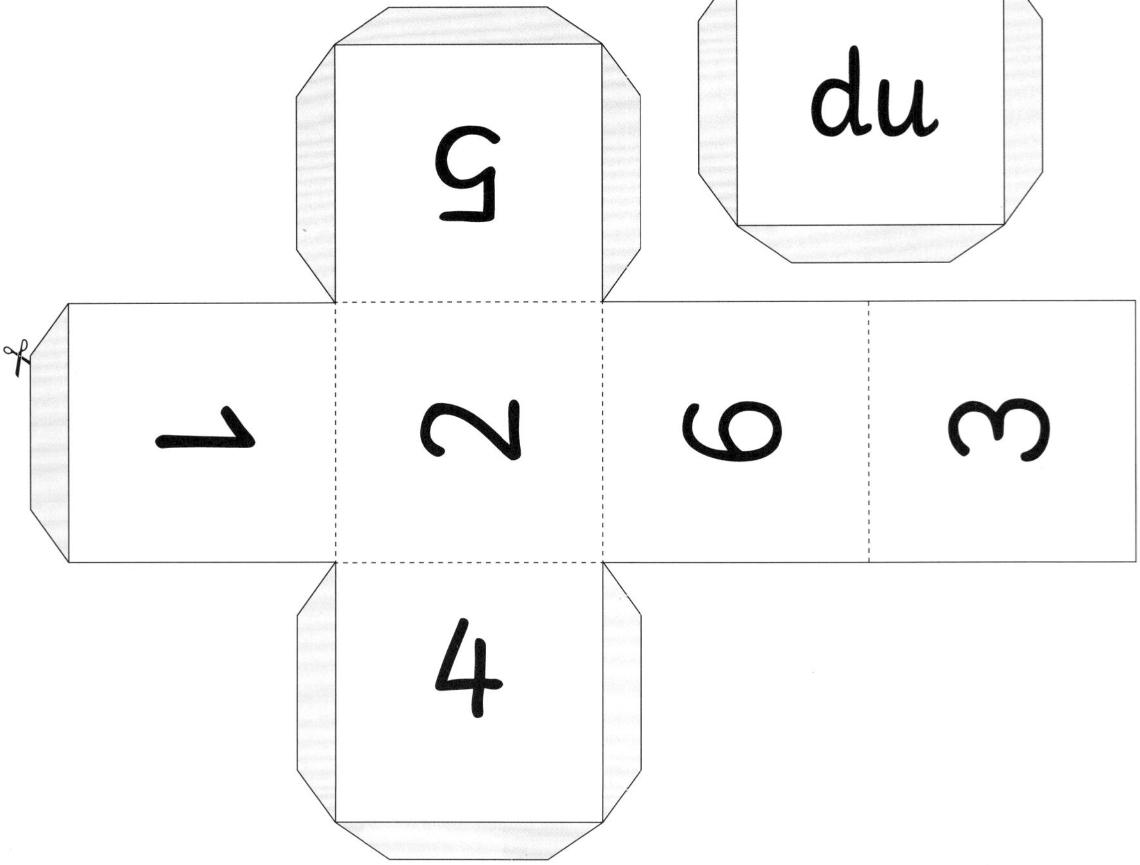

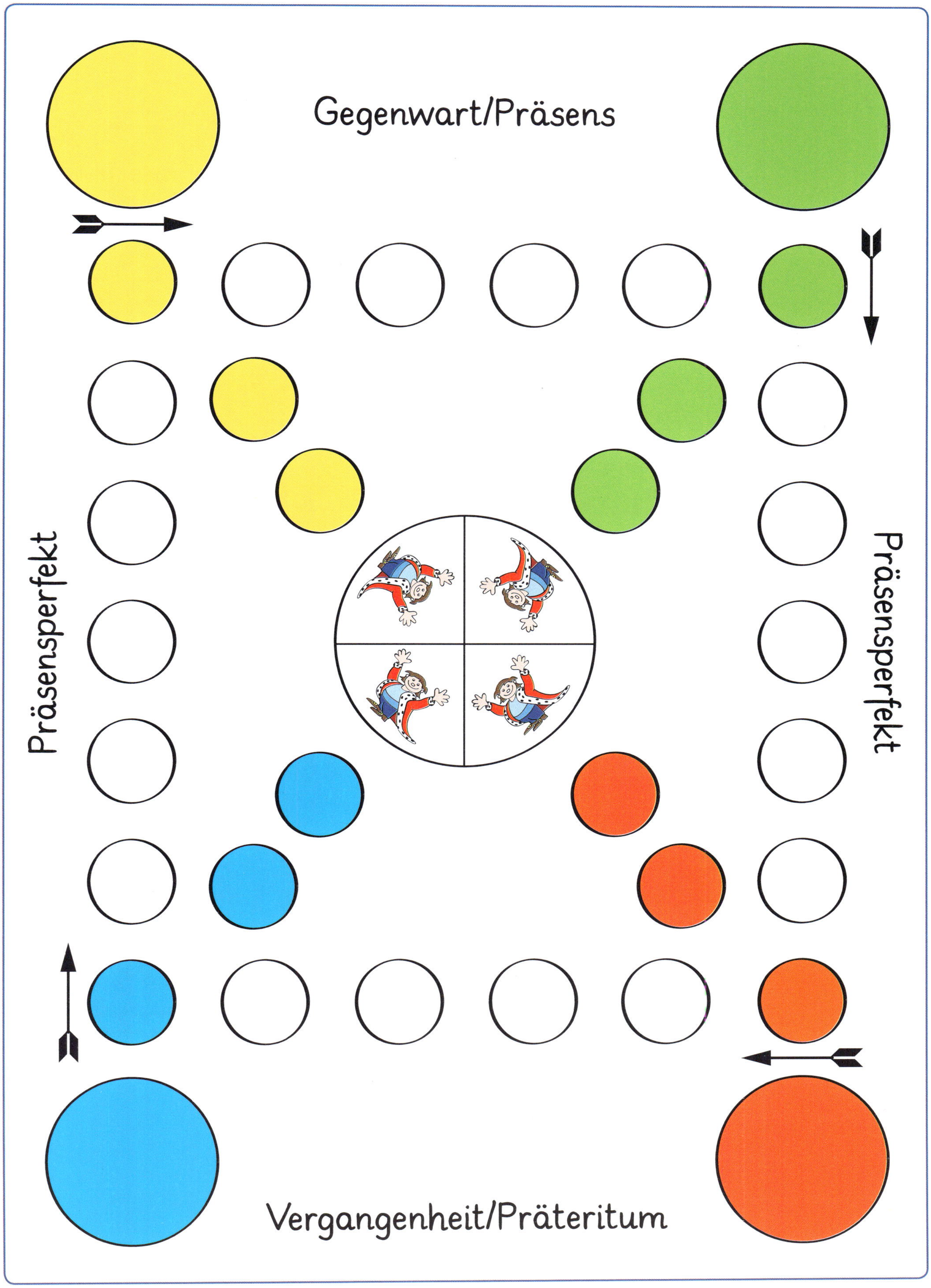
Gegenwart/Präsens
Präsensperfekt
Präsensperfekt
Vergangenheit/Präteritum

Lernstandserhebung 2	Blatt 1
Name:	Datum: ....

1. a) Beschrifte die Kästchen mit Begriffen aus dem Königreich.

bewegen	ich			
entführen	du			
verpacken	er/sie/es			
entdecken	wir			
besuchen	ihr			
erleben	sie			
	Person		**Stamm**	

1. b) Ergänze die Tabelle im Präteritum.

2. König Verb will genau wissen, wie es damals gewesen ist, darum stellt er Fragen. Bilde mit folgenden Verben Entscheidungsfragen im Präteritum und trage sie in die Tabelle ein. Vergiss die Satzzeichen nicht! Verben: **bleiben, schweigen, wiegen, steigen, biegen**

Vorfeld	linke K(l)ammer	Mittelfeld	rechte K(l)ammer	Satz-zeichen

Lernstandserhebung 2 **Blatt 2**

Name: .... Datum: ....

3. Bilde mit folgenden Verben Verbzweitsätze im Präsensperfekt und trage sie in die Tabelle ein. Vergiss die Satzzeichen nicht! Verben: **fliehen, frieren, steigen, bieten, schweigen**

Vorfeld	linke K(l)ammer	Mittelfeld	rechte K(l)ammer	Satz-zeichen

4. Bilde mit folgenden Verben Verbzweitsätze im Präteritum und trage sie in die Tabelle ein. Vergiss die Satzzeichen nicht! Verben: **erlauben, zerstören, bezahlen, verpacken, entführen**

Vorfeld	linke K(l)ammer	Mittelfeld	rechte K(l)ammer	Satz-zeichen

5. Wie werden diese Verben genannt?

....

Material für die Einstiege: TB1

Person	Stamm	Endung
ich		
du		
er/sie/es		
wir		
ihr		
sie		

Figuren für das Königreich KR1 (F1A-E/F1Uhr)

F1A

F1B

F1C

F1D

F1E

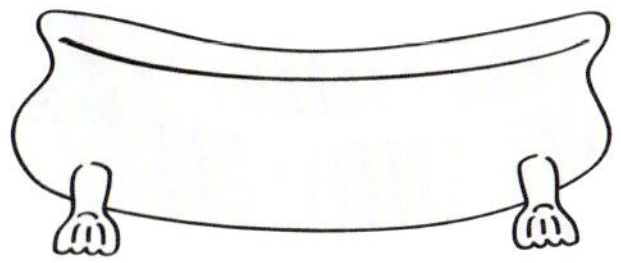

F1Uhr

KR1: Das kleine Königreich „Satz“ der Familie Verb

Vorfeld	linke K(l)ammer	Mittelfeld	rechte K(l)ammer	Satz-zeichen

AU 1

Zeitform: ……………………………………………

Person	Stamm	Endung
ich		
du		
er/sie/es		
wir		
ihr		
sie		

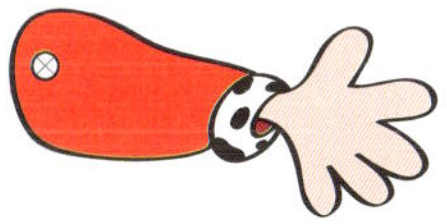

AU 2

Zeitform: ……………………………………………

Person	Stamm	Endung	Präverb
ich			
du			
er/sie/es			
wir			
ihr			
sie			

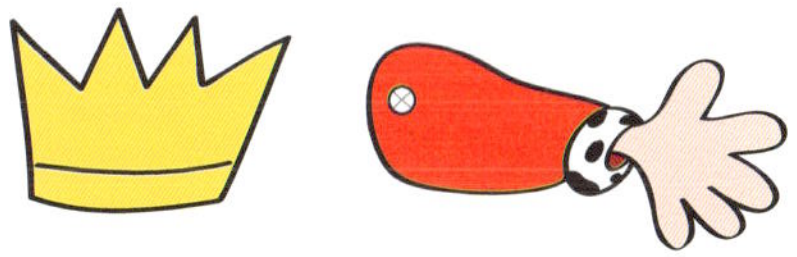

AU 3

Zeitform: ....

ich				
du				
er/sie/es				
wir				
ihr				
sie				
Person	Hilfsverb	Zirkum-	Stamm	-fix
		Partizip II		

AU 4

Zeitform: ....

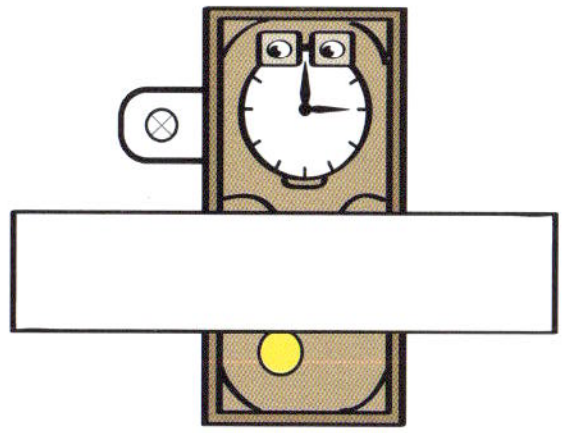

ich					
du					
er/sie/es					
wir					
ihr					
sie					
Person	Hilfsverb	Präverb	Zirkum-	Stamm	-fix
		Partizip II			

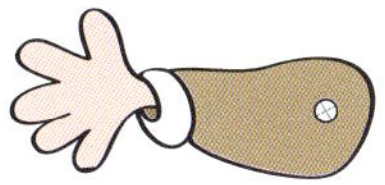

Zeitform: ....

AU 5

Person	
ich	
du	
er/sie/es	
wir	
ihr	
sie	

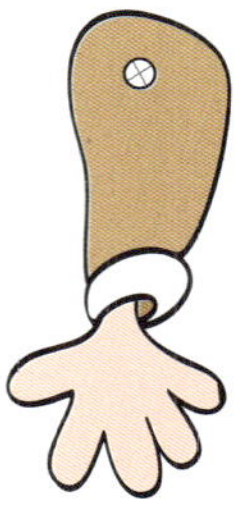

Hilfsverb sein

Zeitform: ....

AU 5

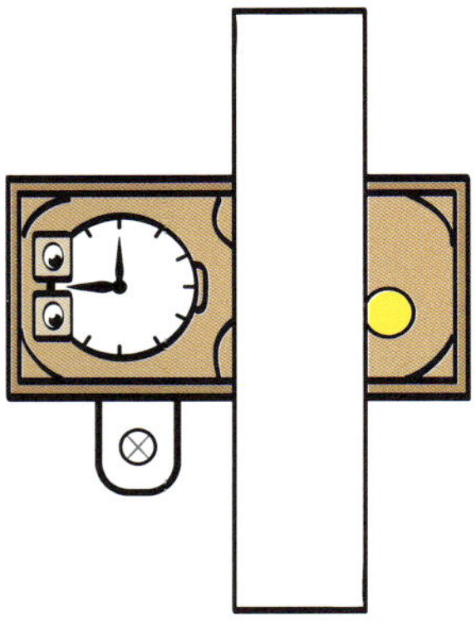

Person	
ich	
du	
er/sie/es	
wir	
ihr	
sie	

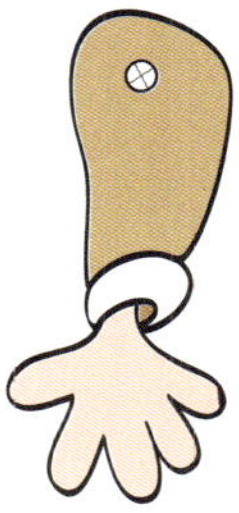

Hilfsverb haben

AU 6

Zeitform: ....

Person	Präfix	Stamm	Endung
ich			
du			
er/sie/es			
wir			
ihr			
sie			

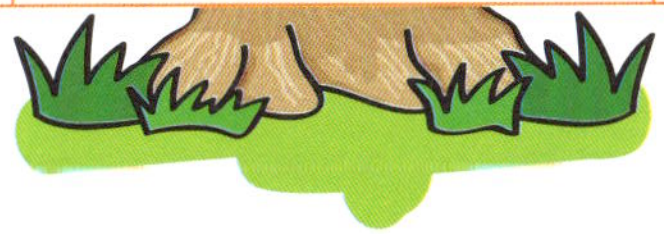

Bildkarten zu Sequenz 6

Die Bildkarten zu Sequenz 6 gibt es auch im Zusatzmaterial. Bitte ausdrucken, laminieren, und zerschneiden.

Ich		gar nichts	gehört	habe	.
ICH	?	GEFAHREN	AUTO	BIN	
DU	?	GETRAGEN	EINEN ROCK	HAST	

KR1-AB: Zusatzarbeitsblatt zur Feldertabelle

Name: .... Datum: ....

Vorfeld	linke K(l)ammer	Mittelfeld	rechte K(l)ammer	Satz-zeichen

 Super!	 Großes Lob!	 Prima gemacht!
 Großes Lob!	 Tolle Leistung!	 Super Leistung!
 Du bist spitze!	 Toll!	 Supi!
 Gut gemacht!	 The winner!	 Super gemacht!
 Klasse!	 Grandios!	 Du bist klasse!
 Prima!	 Du bist super!	 Prima gemacht!